Rechtschreibtraining für Kinder ab der 2. Klasse

Rechtschreibtraining für Kinder ab der 2. Klasse

Rechtschreibtraining für Kinder ab der 2. Klasse

Symbolgeleitete-orthografische Trainingsmethode (SOT)

von
Claus Jacobs und Franz Petermann

HOGREFE

GÖTTINGEN · BERN · WIEN · PARIS · OXFORD · PRAG · TORONTO
CAMBRIDGE, MA · AMSTERDAM · KOPENHAGEN · STOCKHOLM

Dr. Claus Jacobs, geb. 1967. 1995-2000 Studium der Psychologie in Bremen. 2004 Lerntherapeut (FiL). 2005 Promotion. Seit 2000 Wissenschaftlicher Mitarbeiter der Psychologischen Kinderambulanz der Universität Bremen und seit 2007 Leiter dieser Ambulanz als Kinder- und Jugendlichen-Psychotherapeut.

Prof. Dr. phil. Franz Petermann, geb. 1953. 1972-1975 Studium der Mathematik und Psychologie in Heidelberg. Wissenschaftlicher Assistent an den Universitäten Heidelberg und Bonn. 1977 Promotion. 1980 Habilitation. 1983-1991 Leitung des Psychosozialen Dienstes der Universitäts-Kinderklinik Bonn, gleichzeitig Professor am Psychologischen Institut. 1991-2007 Lehrstuhl für Klinische Psychologie, seit 2007 Lehrstuhl für Psychologische Diagnostik und Klinische Psychologie an der Universität Bremen und seit 1996 Direktor des Zentrums für Klinische Psychologie und Rehabilitation. Arbeitsschwerpunkte: Psychologische Diagnostik, Behandlung von Entwicklungs- und Verhaltensstörungen im Kindes- und Jugendalter.

Bibliografische Information der Deutschen Nationalbibliothek

Die Deutsche Nationalbibliothek verzeichnet diese Publikation in der Deutschen Nationalbibliografie; detaillierte bibliografische Daten sind im Internet über http://dnb.d-nb.de abrufbar.

© 2010 Hogrefe Verlag GmbH & Co. KG
Göttingen · Bern · Wien · Paris · Oxford · Prag · Toronto
Cambridge, MA · Amsterdam · Kopenhagen · Stockholm

Rohnsweg 25, 37085 Göttingen

http://www.hogrefe.de
Aktuelle Informationen · Weitere Titel zum Thema · Ergänzende Materialien

Umschlagabbildung: © oliv – fotolia.com
Satz: Grafik-Design Fischer, Weimar
Druck: AZ Druck und Datentechnik GmbH, Kempten
Printed in Germany
Auf säurefreiem Papier gedruckt

ISBN 978-3-8017-2184-8

Best.-Nr.: 50 821 01

Inhaltsverzeichnis

DVD (Software)
Die DVD enthält das installationsfähige Trainingsprogramm SOT.

DVD (Materialien)
Die DVD enthält die PDF-Dateien von allen im Anhang des Buches abgedruckten Materialien sowie von den Vorlagen für die Regelsymbolkarten, die Lückentextdiktate und die Aufsatzübungen.

Die PDF-Dateien können mit dem Programm Acrobat®Reader (eine kostenlose Version ist unter *www.adobe.com/products/acrobat* erhältlich) gelesen und ausgedruckt werden.

Vorwort

Die Förderung von Kindern mit einer Lese-Rechtschreibstörung weist in unserem Sprachraum eine große Tradition auf. Es existieren kind- und elternzentrierte Programme, die vielfach angewendet werden. In unserer Psychologischen Kinderambulanz sind wir in den letzten Jahren – trotz dieses umfassenden Angebotes – auf eine Lücke gestoßen, welche die vorliegende Materialsammlung schließen soll. Wir wählten konsequent einen visuell orientierten Förderansatz, der durch ein symbolgeleitetes Training die Rechtsschreibkompetenz verbessern soll. Das computergestützte Rechtschreibprogramm SOT (Symbolgeleitete-orthografische Trainingsmethode) zielt also auf Kinder mit einer visuell-orientierten Lernpräferenz.

Bei der Darstellung unseres Ansatzes verzichteten wir bewusst auf einen ausführlichen Theorieteil, da wir uns auf die praktische Anwendung unseres Programms konzentrieren wollten. Nur im Überblick gehen wir auf diagnostische Strategien ein und empfehlen unser Vier-Ebenen-Modell der Diagnostik, das wir unserer Arbeit im Kontext der Dyskalkie-Therapie entnommen haben.

Die Anwendungsperspektive der SOT zielt sowohl auf Lern- und Kinderpsychotherapeuten[1] als auch auf den professionell angeleiteten Einsatz der Materialien durch die Eltern. Für den Therapeuten sind alle Materialien in diesem Buch abgedruckt und liegen zusätzlich auf einer DVD vor, die diesem Buch beigefügt ist. Für die Durchführung des Trainings ist zusätzlich eine DVD beigelegt. Diese ist separat auch für Eltern erhältlich (ISBN: 978-3-8017-2293-7). Auf dieser sind ausschließlich die Programmdateien zur SOT (ohne Zusatzmaterialien) gespeichert. Seit gut fünf Jahren entwickelten und modifizierten wir unser Programm SOT. Die Software-Entwicklung und -Erprobung nahm dabei einen besonders großen Zeitraum ein. In der Entwicklungsphase bemühten wir uns auch darum, die SOT für Kinder attraktiv und für Eltern leicht umsetzbar zu gestalten. Über die Jahre gelang es uns, die Fördermaterialien zu optimieren und im Schwierigkeitsgrad durch eine größere Vielfalt zu differenzieren. Die Evaluationsbasis der Endform des Programms ist noch begrenzt und wird bis 2010 systematisch vor allem durch klinische Verlaufsstudien erweitert.

Bei der Entwicklung und Erprobung der SOT unterstützten uns Frau Dipl.-Psych. Wiebke Schlagheck und Herr Dipl.-Psych. Lars Tischler. Die Finanzierung der Software-Entwicklung übernahm der Hogrefe Verlag. Diesen Kooperationspartnern danken wir herzlich – auch für ihre Geduld – da sich die Fertigstellung des Manuals mehrmals verzögert hat.

Wir hoffen, dass wir mit dem Programm SOT möglichst vielen Kindern mit LRS eine effektive Hilfestellung bieten können. Rückmeldungen von unseren Lesern sind uns sehr willkommen (E-Mail-Adressen: cjacobs@uni-bremen.de oder fpeterm@uni-bremen.de). Fortbildungen zu diesem Programm bieten wir regelmäßig im Rahmen der Bremer Kinderverhaltenstherapietage an (Homepage: http://www.zrf.uni-bremen.de/, Anmeldung bei todisco@uni-bremen.de).

Bremen, im April 2009   *Claus Jacobs* und *Franz Petermann*

---

1 Der einfacheren Lesbarkeit halber wurde im gesamten Text auf die gleichzeitige Nennung der femininen und maskulinen Form (z. B. Lerntherapeut/Lerntherapeutin) verzichtet.

Teil I:
Theoretischer Hintergrund

1 Stand der Forschung zur Lese-Rechtschreibstörung

1.1 Symptomatik

Kinder mit einer Lese-Rechtschreibstörung (LRS) weisen eine umschriebene und eindeutige Beeinträchtigung beim Erwerb der Lesefertigkeiten und damit verbunden auch häufig der Schriftsprache auf. Beim Lesen werden häufig Buchstaben vertauscht (etwa dikret statt direkt) oder geklappt (Stabion statt Stadion). Solche Kinder fallen meist durch eine stark verlangsamte Lesegeschwindigkeit auf. Häufig müssen die Wörter noch buchstabenweise erschlossen werden. Auch das Verlieren der Zeile im Text und das Vertauschen von Wörtern im Satz gehört zu den vielfach beobachtbaren Symptomen.

Beim Schreiben werden ebenfalls Buchstabenklappungen (Reversionen) beschrieben, vielfach werden auch Buchstaben vertauscht (Reihenfolgefehler). Auch werden gehäuft falsche Buchstaben oder Wortfragmente eingefügt. Vielfach kommt es auch zu Dehnungsfehlern (etwa lam statt lahm), zu fehlerhafter Groß- oder Kleinschreibung und zu Wahrnehmungsfehlern (Vertauschen ähnlich klingender Buchstaben, etwa Berk statt Berg oder Munt statt Mund). Diese Fehler werden auch als Regelfehler bezeichnet. Rechtschreibgestörte Kinder zeigen dabei häufig eine Fehlerinkonstanz, schreiben also dasselbe Wort auf einer Seite in verschiedener Schreibweise (etwa Berk, Brek, berg). Üblicherweise treten diese Fehler vorwiegend beim Schreiben nach Diktat oder beim Anfertigen von Aufsätzen auf und weniger beim Abschreiben von Texten (Deutsche Gesellschaft für Kinder- und Jugendpsychiatrie et al., 2007)

1.2 Klassifikation und Diagnosekriterien

Lese-Rechtschreibstörungen gehören zu den umschriebenen Entwicklungsstörungen schulischer Fertigkeiten, sind also auf der Achse II des multiaxialen Klassifikationsschemas verortet (Remschmidt, Schmidt & Poustka, 2006). Nach den Leitlinien der Deutschen Gesellschaft für Kinder- und Jugendpsychiatrie et al. (2007) liegt eine Lese- und Rechtschreibstörung (ICD-10: F81.0) vor, wenn eine eindeutige und umschriebene Beeinträchtigung beim Erwerb der Lesefertigkeit gegeben ist. Die Leseleistungen müssen deutlich unterhalb des Niveaus liegen, das aufgrund des Alters, der allgemeinen Intelligenz und der Beschulung zu erwarten ist. Die Schwierigkeiten beim Leseerwerb können sich auf Fehler beim Vorlesen, eine verlangsamte Lesegeschwindigkeit sowie auf Defizite bei der Wiedergabe des Gelesenen (Leseverständnis) erstrecken. In der Folge treten häufig auch Schwierigkeiten beim Rechtschreiberwerb auf. Liegt ausschließlich eine Beeinträchtigung des Rechtschreiberwerbs vor, dann wird dies als isolierte Rechtschreibstörung diagnostiziert (F81.1). Tritt zusätzlich zur Lese-Rechtschreibstörung eine Rechenstörung auf, ist von einer kombinierten Störung schulischer Fertigkeiten (F81.3) auszugehen. Zur Diagnosestellung werden standardisierte Lese- bzw. Rechtschreibtests (vgl. Kapitel 2) empfohlen. Ausgeschlossen werden sollten Beeinträchtigungen der Sinnesorgane (Sehen, Hören) und eine unangemessene Beschulung (Z55.8) sowie eine Intelligenzminderung (ICD-10: F70–F73). Auch darf die Lesestörung nicht erworben (R48.0) oder Folge einer emotionalen Störung (ICD-10: F93) sein. Im Wesentlichen müssen drei Kriterien erfüllt sein:

- Intelligenzquotient nicht < 70,
- Ergebnis im Lese- bzw. Rechtschreibtest ≤ Prozentrang 10 und
- Diskrepanz zwischen Intelligenzquotient und Lese- bzw. Rechtschreibtest von mindestens 1,2 Standardabweichungen.

Allerdings zeigen Korrelationen zwischen Intelligenzleistung und Rechtschreibtestergebnissen (Schulte-Körne, Deimel & Remschmidt, 2001), dass nicht von einem konstant linearen Zusammenhang ausgegangen werden kann. Das Diskrepanzmodell (1,2 Standardabweichung zwischen IQ und Rechtschreibleistung) geht jedoch von einem konstant linearen Zusammenhang aus. Sollten 1,2 Standardabweichungen zwischen IQ und Rechtschreibtest unterschritten werden, kann abweichend auf die Tabelle 1 zurückgegriffen werden, der eine komplexe Verknüpfung zwischen Intelligenz und Rechtschreibleistung zugrunde liegt. Zunächst kann man anhand des ermittelten IQ-Werts den zugeordneten Prozentrang ablesen. Ergibt sich bei der Untersuchung ein Prozentrang im Rechtschreibtest, der dem zugeordneten IQ entspricht oder ein niedrigerer Prozentrang, so sind die Kriterien für eine Lese-Rechtschreibstörung erfüllt.

Beispiel: Max erreicht im Hamburg-Wechsler-Intelligenztest (HAWIK-IV, Petermann & Petermann, 2007) einen Intelligenzquotienten von 124 und in einem Rechtschreibtest einen Prozentrang von 23. Der Intelligenzquotient liegt also über 70, der Prozentrang im Rechtschreibtest jedoch deutlich über Prozentrang 10. Da der IQ von 124 jedoch im Extrembereich liegt, sollte Tabelle 1 zur Einordnung herangezogen werden. Hier ist dem IQ von 124 ein Prozentrang von 27 zugeordnet. Da die Rechtschreibleistung von Max mit einem Prozentrang von 23 den Prozentrang von 27 nicht überschreitet, gelten die Kriterien für eine Rechtschreibstörung als erfüllt.

1.3 Epidemiologie

Nach Hasselhorn und Schuchardt (2006) kann man davon ausgehen, dass mit acht Jahren etwa 7 bis 8 % aller Kinder unter LRS leiden, mit 12 Jahren etwa 6 % und im jungen Erwachsenenalter circa 4 % (vgl. auch Tab. 2).

Die recht großen Schwankungen zwischen den Häufigkeitsangaben sind vermutlich wesentlich auf die unterschiedlichen Diagnosekriterien zurückzuführen, die zugrunde gelegt wurden.

Schründer-Lenzen und Mücke (2008) kommen nach ihrer Längsschnittuntersuchung von der ersten bis vierten Klasse (1.250 Schüler) zu dem Er-

Tabelle 1: Zuordnung von Intelligenzquotient (IQ) und Prozentrang (PR) im Lesen/Rechtschreiben (adaptiert nach Schulte-Körne et al., 2001)

IQ	PR im Lesen/Rechtschreiben	IQ	PR im Lesen/Rechtschreiben
70–72	2	105–106	14
73–74	2,5	107–109	16
75–76	3	110–111	17
77–79	3	112–114	19
80–81	3,5	115–116	21
82–84	4	117–119	23
85–86	5	120–121	25
87–89	5	122–124	27
90–91	7	125–126	30
92–94	8	127–129	32
95–96	8,5	130–131	34
97–99	10	132–134	37
100–101	12	135–136	40
102–104	13	137	43

Tabelle 2: Prävalenzstudien aus verschiedenen Ländern

Autoren	Stichprobenumfang	Alter/Klasse	Prävalenz in %
Lindgren, Renzi & Richmann (1985)	N = 448 für Italien N = 1.278 für USA	11 Jahre	3,6 7,3
Shaywitz et al. (1992)	N = 414	3. Klasse 5. Klasse	6,7 6,2
Esser & Schmidt (1993)	N = 399	8 Jahre	5,6
Lewis, Hitch & Walker (1994)	N = 1.056	9–10 Jahre/ 5. Klasse	6,2
Haffner et al. (1998)	N = 576	16–30 Jahre	4
Rutter et al. (2004)	N = 5.700	9–15 Jahre	5,1

gebnis, dass sich die Lernleistung von Jungen und Mädchen in Lesen, Schreiben und Rechnen kaum unterscheiden. Diskrepant dazu sind Jungen etwa zwei- (Liederman, Kantrowitz & Flannery, 2005) bis viermal (Rutter et al., 2004) häufiger von Lese- und Rechtschreibstörungen betroffen als Mädchen. Zur Stabilität von Lese-Rechtschreibstörungen liegen nur wenige Studien vor. Dabei erfüllen zwischen 38 % (Schulte, Deimel, Jungermann & Remschmidt, 2003) und etwa 66 % (Esser & Schmidt, 1993) der untersuchten Kinder auch im Erwachsenenalter die Kriterien einer LRS. Streblow (2004) konnte zeigen, dass nur etwa 10 % der untersuchten Kinder mit LRS trotz eines durchschnittlichen Intelligenzquotienten von 112 das Abitur erreichten. Auch weisen Kinder mit LRS im Erwachsenenalter ein erhöhtes Risiko für Arbeitslosigkeit, eine erhöhte Suizidgefährdung sowie überhäufig auffälliges, vor allem aggressives Verhalten auf.

1.4 Komorbide Störungen

Etwa 50 % der Kinder mit Rechenstörungen leiden auch an einer LRS (vgl. Jacobs & Petermann, 2007). Aber auch Verhaltens- und emotionale Störungen treten bei bis zu 66 % der betroffenen Kinder auf (Bäcker & Neuhäuser, 2003). Jacobs, Tischler und Petermann (2009) fanden in einer Inanspruchnahmepopulation bei etwa 60 % der Kinder mit Verhaltens- und emotionalen Störungen auch eine Störung schulischer Fertigkeiten. Nach Esser, Wyschkon und Schmidt (2002) weisen 43,2 % der Kinder mit LRS im Alter von acht Jahren psychische Störungen auf (vor allem aggressives Verhalten),

und mit 18 Jahren verbleiben bei 34,4 % psychische Störungen. Auch haben LRS-Betroffene mit 13,3 % gegenüber 3,9 % in einer Kontrollgruppe eine deutlich erhöhte Suizidgefährdung. Gasteiger-Klicpera, Klicpera und Schabmann (2006) berichten von einer Zunahme der Stabilität von Verhaltens- und Lese-Rechtschreibproblemen im Zeitraum vom Kindergarten bis zur vierten Klasse, wobei die Anpassungsprobleme vom Kindergartenalter hin zur vierten Klasse stetig zunehmen. Der hohe Anteil an komorbiden psychischen Störungen weist bereits auf die Notwendigkeit einer multiaxialen Diagnostik hin. Neben Verhaltens- und emotionalen Störungen sowie Schulleistungsstörungen ergeben sich zusätzlich auch häufig Beeinträchtigungen in Form von visuell-räumlichen Wahrnehmungs-, Aufmerksamkeits- sowie Lern- und Merkfähigkeitsstörungen. Bei etwa 60 bis 80 % der betroffenen Kinder treten Entwicklungsstörungen des Sprechens oder der Sprache im Vorschulalter auf (Warnke & Plume, 2008).

1.5 Ursachen

Die Ursachen für LRS sind vielfältig. So berichtet Werth (2006), dass seine Arbeitsgruppe bereits 14 verschiedene Ursachen für Lesestörungen bestimmt hat. Zusammenfassend handelt es sich bei der LRS nach heutigem Kenntnisstand vermutlich um eine genetisch mitverursachte, hirnreifungsbedingte Störung. Allerdings werden auch soziokulturelle und psychogene Einflussfaktoren diskutiert, denen allerdings eher ein modifizierender Einfluss zugeschrieben wird. Zwillingsstudien weisen auf einen hohen erblichen Anteil hin. So fanden etwa De Fries, Alarcon und Olson (1997) bei ihrer Zwillingsstudie, dass 62 % der Rechtschreibfähigkeit genetisch determiniert ist. Ähnlich hohe Angaben machen auch Davies und Mitarbeiter (2001) bei der Bestimmung der Heritabilität von Teilfunktionen der Lesefähigkeit. Molekulargenetische Studien diskutieren vor allem die Gene 1, 2, 3, 6, 15 und 18 im Kontext mit der Schriftsprachentwicklung (etwa Harold et al., 2006; Ludwig et al., 2008; Schumacher et al., 2007; 2008). Dabei scheint jedoch noch nicht klar, nach welchen Mechanismen die Genorte auf die für die Schriftsprachentwicklung relevanten kognitiven Komponenten einwirken. Als unwahrscheinlich gilt die Annahme eines Krankheits-Gens für die Legasthenie. Die Genorte könnten sowohl für die normale Schriftsprachentwicklung als auch für LRS verantwortlich sein. Zukünftig soll es mit Hilfe der molekulargenetischen Untersuchungen möglich sein, Subtypen der LRS zu extrahieren, um die betroffenen Kinder spezifischen Therapieprogrammen zuzuführen.

Vielfach finden sich auch auditive Teilleistungsstörungen als Ursache. Tabelle 3 führt einige Beispiele für auditive Teilleistungsstörungen auf, in deren Folge es häufig zu LRS kommt.

Defizite in der sprachlichen Informationsverarbeitung gelten als sichere Hinweise für die Prognose und Therapie der LRS (etwa MacDonald & Cornwall, 1995). Diese Defizite werden auch als mangelhafte *phonologische Bewusstheit* bezeichnet. Unter phonologischer Bewusstheit versteht man die Fähigkeit, die Aufmerksamkeit bewusst auf die Lautstruktur und nicht auf den semantischen Gehalt von Sprache zu richten (Schneider, 2000). Beeinträchtigungen der phonologischen Bewusstheit bezeichnen also die Einschränkung, sprachliche Einheiten (Phoneme, Silben, Worte, Reime) zu erkennen und sie zu benutzen. Es wird unterschieden zwischen der phonematischen Bewusstheit im engeren Sinne (etwa Phoneme zählen: Wie viele Laute hat das Wort Kelle?), also der Fähigkeit Phoneme als kleinste lautsprachliche Einheiten zu erkennen und zu verwenden, sowie der phonematischen Bewusstheit im weiteren Sinne (etwa Reime erkennen: reimt sich Ball auf Schall?), bei der größere Spracheinheiten bearbeitet werden müssen.

Wolf und Bowers (1999) entwickelten die Hypothese eines zweifachen Defizits bei Kindern mit LRS. Die Autoren unterschieden Kinder,
– die Probleme im schnellen Benennen von etwa Objekten, Farben oder Zahlen haben, von jenen,

Tabelle 3: Auswahl auditiver Teilleistungsstörungen

Störungsbereich	Symptome
Wahrnehmung und Unterscheidung von Lauten	– Reime werde häufig nicht erkannt, wenn mehrere Worte dargeboten werden: Kuh, Schuh, Schwein – Ähnlich klingende Laute (p, t, k, b …) werden verwechselt: Gebäck-Gepäck, Bein-Pein, Gasse-Tasse, Ende-Ente – Verwaschene Aussprache: Tomme statt kommen – Verstehen vom Anrufbeantworter fällt schwer
Visuell-auditive Koordination	– Schwierigkeiten bei der Verbindung von visuellen und akustischen Informationen – Neue Wörter werden vergessen – Verlangsamte Abrufgeschwindigkeit von Begriffen (Objekte, Buchstaben, Zahlen) – Laut-Buchstabenzuordnung fällt schwer
Auditive Figur-Grundwahrnehmung	– Schwierigkeiten bei der Sprachwahrnehmung in Umgebungen mit vielen Geräuschen – Geräuschempfindlichkeit – Gehäuftes Nachfragen etwa im Unterricht – Schnelle Ermüdung vor allem in größeren Gruppen – Scheinbar abgelenkt, unkonzentriert
Phonemanalyse und Phonemsynthese	– Zusammenziehen von Buchstaben fällt schwer – Heraushören von Silben oder Lauten aus gesprochenen Wörtern gelingt häufig nicht, etwa: Was kann man am Anfang von „Esel" hören?

– die Probleme in der phonologischen Rekodierung haben.

Unter phonologischer Rekodierung wird dabei die Fähigkeit verstanden, schriftliche Symbole (etwa Buchstaben oder Wörter) in eine lautsprachliche Struktur zu übersetzen. Kinder mit Rekodierungsproblemen fallen vor allem bei der Wiederholung sinnloser, mehrsilbiger Pseudowörter auf, während Kinder mit Defiziten in der schnellen Benennung Probleme bei der Abrufgeschwindigkeit und Genauigkeit aufweisen.

Ein kleinerer Anteil (etwa 5 bis 10 %) der von LRS betroffenen Kinder leidet zusätzlich unter Beeinträchtigungen der visuell-räumlichen Wahrnehmung (Warnke & Plume, 2008). Aus neuropsychologischer Perspektive zeigen sich folgende Auffälligkeiten in der visuellen Wahrnehmung:

– *Beeinträchtigung des peripheren Sehens:* Hier wurden Beeinträchtigungen des Zusammenwirkens des Sehens mit der Fovea (Sehgrube) und dem perifovealen Sehen festgestellt, die dazu führen können, dass das Trennschärfesehen von Buchstabenketten schwer fällt, nicht aber das Erkennen einzelner Buchstaben (Geiger & Lettvin, 1987).
– *Mangelnde Ausbildung der Augendominanz:* Bei etwa 75 % der Menschen sind die Augäpfel und die Augenbewegung nicht symmetrisch ausgeprägt. Die entstehenden unterschiedlichen Wahrnehmungsbilder können dennoch verschmolzen werden (binokulare Fusion), indem die Information des nicht dominanten Auges etwas gehemmt wird. Bei etwa 68 % der Legastheniker fehlt diese Augendominanz oder sie ist instabil. In der Folge kann es unter anderem zu Doppelbildern oder zu instabilen Wortbildern kommen.
– *Motilitätsstörungen (Augapfelbewegungen):* Die Augen springen beim Lesen jeweils in drei bis fünf Blicksprüngen (Sakkaden) pro Sekunde von Buchstabengruppe zu Buchstabengruppe von je sechs bis acht Buchstaben. Jede Buchstabengruppe wird circa 250 ms fixiert (Fischer, 1999). Kinder mit LRS zeigen längere Fixationszeiten (De Luca, Di Pace, Judica, Spinelli & Zoccolotti, 1999), eine geringere Stabilität bei der Fixation (Castro, Salqado, Andrade, Ciasca & Carvalho, 2008), mehr Regressionen (rückwärtsgerichtete Sakkaden) und eine erhöhte Anzahl an Sakka-

den beim Lesen (Stark, Giveen & Terdiman, 1991).
– *Schwächen bei der Wahrnehmung von sich schnell bewegenden visuellen Reizen:* Diese Probleme weisen auf eine gestörte Funktion bestimmter großzelliger (magnozellulärer) Hirnschichten hin (Warnke & Schulte-Körne, 2007). In der Folge könnte es zu einer Überlagerung der aufeinander folgenden Einzelbilder und dadurch zu einer instabilen Buchstaben- oder Wortwahrnehmung kommen. Es wird dann wenig flüssig gelesen (Cornelissen, Hansen, Hutton, Evangelinou & Stein, 1998).

1.6 Neuroanatomische und neurophysiologische Befunde bei LRS

Gerade in den Hirnbereichen, die für die sprachlich-akustische und visuelle Informationsverarbeitung zuständig sind, finden sich bei verstorbenen Erwachsenen mit LRS Abweichungen (Warnke, Hemminger & Plume, 2004). Genauer wurden anatomische und histologische Besonderheiten im Gyrus angularis und Gyrus supramarginalis (Sitz des Lese-Rechtschreibzentrums), im lateralen Nucleus geniculatus (zuständig für die Weiterleitung des Netzhautbildes zur Sehrinde), im linken medialen Nucleus geniculatus (zuständig für die Umschaltung von Sprachlautreizen in das Gehirn) und im Planum temporale, das zuständig für sprachliche Informationsverarbeitung ist, gefunden (Warnke et al., 2004). Allerdings liegen auch widersprüchliche Befunde vor (Rumsey et al., 1997).

Untersuchungen mit bildgebenden Verfahren weisen darauf hin, dass anormale Aktivierungsmuster in der linken Hirnhälfte (Gyrus angularis und Gyrus supramarginalis) bestehen, die als Entsprechung eines gestörten Laut- oder Wortabrufes angesehen werden (siehe etwa Kronbichler et al., 2006). Auch in vielen weiteren Studien mit bildgebenden Verfahren finden sich Unterschiede zwischen Kindern mit LRS und Kontrollgruppen bei sprachlich-akustischen Aufgabenstellungen. Dies stützt die Hypothese, dass die defizitäre phonologische Informationsverarbeitung einen wichtigen Hinweis auf eine LRS bildet (Shaywitz et al., 2004; Paulesu et al., 2000, 2001; Warnke et al., 2004).

2   Diagnosestellung

Die Erstellung einer Lese-Rechtschreib-Diagnose setzt detaillierte Kenntnisse über die Symptomatik und die Begleiterkrankungen voraus. Die Diagnosestellung sollte daher nur von erfahrenen Untersuchern durchgeführt werden. Der diagnostische Prozess lässt sich in vier Abschnitte unterteilen (vgl. Abb. 1):
- die Anamnese und Exploration,
- die Basisdiagnostik,
- die vertiefende Diagnostik sowie
- das ausführliche Befundgespräch.

Erste Ebene – Anamnese und Exploration

Fragestellung: Bestehen Hinweise auf eine LRS oder Rechenstörung?
- bisheriger Entwicklungsverlauf (Schwangerschaft, Geburt, Meilensteine, Kindergarten, Schule)
- Familienanamnese (Teilleistungsstörungen bei Angehörigen, Systemanalyse)
- allgemeines Leistungsniveau (Zeugnisse, Hobbys, Interessen)
- sozialer, motivationaler und emotionaler Status (Freunde, Integration, Leistungsbereitschaft, Affekt)
- Hinweise auf das Vorliegen von Schulschwierigkeiten?

Zweite Ebene – Basisdiagnostik

Fragestellung: Liegt eine klinisch relevante Störung der Lese-Rechtschreibleistung und ggf. der Rechenleistung vor?
- Intelligenztest
- LRS-Testung/Test zur Erfassung der phonologischen Bewusstheit
- Rechentest
- globale Fragebögen

Dritte Ebene – vertiefende Diagnostik

Fragestellung: Liegen mit der LRS assoziierte Funktionsbeeinträchtigungen oder psychische Störungen vor?
Diese Fragestellung dient einer vertiefenden Diagnostik, das heißt es werden abgeklärt:
- visuell-räumliche Wahrnehmungs- und/oder Konstruktionsstörung
- Lern- und Merkfähigkeitsstörungen
- Aufmerksamkeitsstörung (Selektivität, Intensität)
- Sprachstörung
- emotionale und/oder Verhaltensstörungen (spezifische Fragebögen)

Vierte Ebene – ausführliches Befundgespräch

- Beschreibung und Interpretation der Testergebnisse
- störungsspezifische Beratung
- Empfehlungen für das weitere Vorgehen
- Möglichkeiten der Kostenübernahme durch das Jugendamt (§ 35a SGB VIII)

Abbildung 1: Ebenen der LRS-Diagnostik

In einigen Fällen kann sich auf der Grundlage der diagnostischen Befunde ein Gutachten nach § 35a SGB VIII als sinnvoll erweisen. Eine Kostenübernahme nach § 35a SGB VIII ist aber nur möglich, wenn eine seelische Behinderung droht oder vorliegt, welche die Teilhabe an der Gesellschaft gefährdet. Eine solche seelische Behinderung liegt zum Beispiel vor, wenn eine starke emotionale oder Verhaltensstörung vorliegt, die mit sozialem Rückzug oder sozialer Ausgrenzung einhergeht.

Im Rahmen der Diagnosestellung empfehlen wir, eine Anamnese und Exploration mit den Eltern ohne Anwesenheit des Kindes durchzuführen (Döpfner & Petermann, 2008). Für ein solches Vorgehen spricht, dass
- sich Kinder bei solchen Gesprächen häufig langweilen,
- Eltern ohne ihre Kinder weniger abgelenkt sind,
- Eltern in der Regel offener über die Probleme ihres Kindes reden, weil sie keinen persönlichen Autoritätsverlust befürchten müssen (z. B. wenn in Anwesenheit der Kinder auch die Probleme der Eltern angesprochen werden) und
- Kinder durch das Explorieren ihrer Defizite verletzt werden.

Die testpsychologische Untersuchung muss mit dem Kind allein durchgeführt werden, da die Anwesenheit eines Elternteils die Testergebnisse erheblich beeinflussen kann. Für das Abschlussgespräch empfehlen wir aus den bereits genannten Gründen, ebenfalls die Eltern allein einzuladen. Sollten andere Bezugspersonen (etwa Kinderfrau, Oma) an der Erziehung, vor allem der Hausaufgabenbetreuung, maßgeblich beteiligt sein, sollten auch diese an der Anamnese und dem Abschlussgespräch teilnehmen. Wenn die Eltern einverstanden sind, kann es im Sinne eines guten Kooperationsaufbaus auch sinnvoll sein, den Deutschlehrer mit einzuladen.

2.1 Anamnese und Exploration

Prinzipiell ist es empfehlenswert, einen Explorationsleitfaden (s. Anhang A und DVD: Fragebogen zum Erstgespräch) zu verwenden. Zeitlich sollten mindestens 50, aber nicht mehr als 90 Minuten eingeplant werden. Zur Anamnese sollten die Eltern das Vorsorgeheft (U-Heft mit den Eintragungen des Kinderarztes), alle Zeugnisse, Lernentwicklungsberichte, Mathematik- und Deutschhefte sowie eventuell vorhandene Vorbefunde (etwa HNO-Arzt, Augenarzt, Ergotherapeut, Psychotherapeut, Krankengymnast) mitbringen. Da der Anamnese häufig ein telefonischer Kontakt vorausgeht, sollte den Eltern in diesem Rahmen mitgeteilt werden, was sie mitbringen sollen.

Wichtige Inhalte der Anamnese sollten sein:
- Offenes Erfragen der Symptomatik (Was führt Sie her? Wo sehen Sie aktuell Schwierigkeiten?),
- Klären des allgemeinen Leistungsniveaus (u. a. Zeugnisse des letzten Schuljahres anschauen, Hobbys und Interessen sowie Lieblingsfächer erfragen),
- Abklären von weiteren Leistungsdefiziten in anderen Fächern (so leiden etwa 50 % der Kinder mit LRS auch unter Rechenproblemen),
- Defizite und Ressourcen in anderen Teilleistungen erfragen (z. B. Lern- und Merkfähigkeitsstörungen, visuell-räumliche Wahrnehmungsstörungen, Aufmerksamkeits- und Sprachstörungen sowie Hörstörungen),
- Erfragen der Hausaufgabensituation: resignatives und ängstliches Verhalten, emotionale und/oder Verhaltensauffälligkeiten (Trotzverhalten, Konflikte),
- Erfassen der Anzahl und Qualität von Freundschaften zu Gleichaltrigen,
- Informationen zur Struktur und der Aufgabenverteilung in der Familie.

Es hat sich als vorteilhaft erwiesen, die Anamnese mit einer offenen Frage nach der Symptomatik zu beginnen. Die Eltern können somit zunächst berichten, was ihnen am meisten auf dem Herzen liegt, später sollte das Gespräch stärker strukturiert werden. Wichtig ist eine generell wertschätzende, an der Entwicklung des Kindes orientierte, vorurteilsfreie Grundhaltung. Die systematische Anamnese beginnt bei der Schwangerschaft und Geburt (etwa Frühgeburt, Sauerstoffmangel) und führt über die frühkindliche Entwicklung (Meilensteine wie Sitzen, Krabbeln, Laufen, Sprechen) und das Sozialverhalten im Kindergarten zum aktuellen Verhalten und Erleben. Aufgrund des hohen Anteils an Hörwahrnehmungsstörungen sollte in jedem Fall eine ausführliche pädaudiologische Untersuchung empfohlen werden. Aber auch auf eine augenärztliche Untersuchung sollte verwiesen werden. Bei der Klärung des bisherigen Entwicklungsverlaufs sollten insbesondere Sprachstörungen erfragt werden, die häufig auf eine eingeschränkte phonologische Bewusstheit hindeuten oder ihr vorausgehen. Auch die bisherigen Behandlungsversuche sollten erfragt werden (Welche Maßnahmen wurden bisher ergriffen, um die Schwierigkeiten beim Lese-Rechtschreiberwerb in den Griff zu bekommen?). Schließlich sollte auf andere Teilleistungs- und komorbide psychische Störungen eingegangen werden.

In der Familienanamnese finden sich häufig Hinweise darauf, dass Verwandte ebenfalls unter LRS leiden. Nicht selten ist einer der Elternteile selbst betroffen. Die Sorge, dass das eigene Kind den gleichen leidvollen Weg beim Erlernen der Schriftsprache gehen muss, kann zu Überfürsorge oder auch zum Aufbau eines zu großen Lerndrucks führen (z. B. „Ich weiß es jetzt besser als meine Eltern damals. Ich mache alles, damit es meinem Kind besser geht als mir."). In der Folge kommt es dann auch häufig zu Hausaufgabenkonflikten, da Kinder die Anforderungen verweigern. Die gesamte Familiendynamik (etwa leistungsstarke Geschwister, Konflikte zwischen den Eltern) sollte erfragt werden, um die häusliche Situation einschätzen zu können.

Selbstverständlich müssen die spezifischen Diagnosekriterien für eine LRS erfragt werden. Es müssen also das allgemeine Leistungsniveau, die Lese-Rechtschreib- aber auch die Rechenleistung abgeklärt werden. Dabei sollte auf Zeugnisse über schulische Leistungen zurückgegriffen werden. Allerdings sollte das Vorliegen einer Schulleistungsstörung nicht allein von den Schulnoten abhängig gemacht werden, da diese Leistungen auch von anderen Faktoren (z. B. motivierenden Aspekten) abhängen.

Bei Lese-Rechtschreibstörungen werden häufig die folgenden Symptome von Eltern und Lehrkräften berichtet:
- liest stockend, mühsam, buchstabenweise erschließend oder schnell und holprig, ratend,
- verschluckt beim Lesen Endungen,
- erschließt sich Wörter (auch bei Wiederholung im selben Text) immer wieder neu,

- verrutscht häufig in der Zeile und findet dann die richtige Zeile nur schwer wieder oder bemerkt das „Verrutschen" nicht,
- kann nicht wiedergeben, was er gelesen hat (sinnentnehmendes Lesen gelingt nicht),
- meidet Lese- und/oder Schreibaufgaben, macht Hausaufgaben nie alleine,
- weint bei Lese-Rechtschreibaufgaben, wirkt verzweifelt, mutlos und/oder wütend und frustriert,
- macht sehr viele Rechtschreibfehler in ungeübten Diktaten oder frei geschriebenen Texten.

Häufig kommt es vor, dass die Eltern erst in der vierten Klasse ihr Kind mit Verdacht auf LRS vorstellen. Ein Grund für diese Tatsache liegt darin, dass erst in diesem Alter ungeübte Diktate in der Schule durchgeführt werden, durch die Schwierigkeiten beim Lese-Rechtschreiberwerb offengelegt werden. Vielen Kindern gelingt es bis dahin, geübte Diktate (z. B. durch gute Intelligenz und Gedächtnisressourcen) gut oder sogar sehr gut zu meistern. Dies ist insbesondere bei der isolierten Rechtschreibstörung der Fall.

2.2 Basisdiagnostik

Im Rahmen der Basisdiagnostik sind ein Intelligenz-, ein Lese- und ein Rechtschreibtest sowie bei entsprechenden Hinweisen aus der Anamnese und Exploration ein Rechentest erforderlich. Des Weiteren sollten per Fragebogen psychische Auffälligkeiten abgeklärt werden.

Intelligenztestung. Mit einer Intelligenztestung soll das allgemeine kognitive Leistungsniveau erfasst werden. Von einer alleinigen Verwendung eines nonverbalen Intelligenztests wird grundsätzlich abgeraten. Eine solche Testung bildet nur einen geringen Bereich der kognitiven Leistung (logisch abstraktes, schlussfolgerndes Denken mit visuell-figuralem Material) eines Kindes ab. Eine Übertragung solcher Befunde auf die Gesamtintelligenz ist möglicherweise mit einem großen Fehler behaftet, etwa wenn das betroffene Kind gerade in dieser kognitiven Funktion eine Teilleistungsstörung aufweist. Hinzu kommt, dass die Verwendung von komplexen Intelligenztests (etwa HAWIK-IV, Petermann & Petermann, 2007) über die Leistungsprofilanalyse Hinweise auf weitere Teilleistungsstörungen (Arbeits- und Langzeitgedächtnis, visuell-räumliche Wahrnehmung, visuo-grafomotorische Verlangsamung, Sprachstörung), aber auch auf die Ressourcen eines Kindes geben kann (vgl. Falldarstellungen am Ende dieses Kapitels).

2.2.1 Tests zur Erfassung der phonologischen Bewusstheit

Aufgrund des engen Zusammenhanges zwischen Defiziten in der phonologischen Bewusstheit und einer LRS, hat es sich als sinnvoll erwiesen, bei Verdacht auf LRS auch die phonologische Bewusstheit zu erfassen. Bereits im Vorschulbereich kann dies mit dem Bielefelder Screening zur Früherfassung von Lese-Rechtschreibschwierigkeiten (BISC) (Jansen, Mannhaupt, Marx & Skowronek, 2002). erfolgen. Mit dem Verfahren BAKO 1-4 (Basiskompetenzen für Lese-Rechtschreibleistungen) (Stock, Marx & Schneider, 2003) liegt außerdem ein Verfahren vor, mit dem die gesamte Grundschulzeit hindurch die phonologische Bewusstheit normiert erfasst werden kann. Erfasst werden

- *Pseudowort-Segmentierung:* Ein Pseudowort wird vorgesprochen und ein Kind muss die Laute einzeln aufsagen, etwa „askletno".
- *Vokalersetzung:* Jedes „a" in einem Wort soll durch „i" ersetzt werden, etwa „Sandra" → „Sindri".
- *Restwortbestimmung:* Vorgesprochene Wörter sollen ohne Anlaut nachgesprochen werden, etwa „Trick" → „....rick".
- *Phonemvertauschung:* Ein Kind soll die ersten beiden Laute eines vorgegebenen Wortes vertauschen, etwa: „serog" → „esrog".
- *Lautkategorisierung:* Es werden mehrere Wörter vorgegeben. Ein Kind soll nun das Wort herausfinden, das aufgrund seines Anfangs- oder Endlautes nicht zu den anderen passt, etwa: „haum, laum, fau*n*, gaum".
- *Vokallängenbestimmung:* Aus einer Gruppe von Wörtern soll dasjenige herausgehört werden, das keinen langen Vokal hat, etwa: „reem, feer, ne*ll*, beef".
- *Wortumkehr:* Einem Kind werden Wörter vorgegeben, die es umgekehrt von hinten nach vorne wiedergeben soll „eman" → „Name".

Die BAKO 1-4 gibt gute Hinweise für die Planung einer phonologisch orientierten Therapie.

2.2.2 Lesetests

Es liegen eine Reihe von Lesetests vor (vgl. Tab. 4), wobei grob zwischen solchen Verfahren unterschieden wird, die Lesegeschwindigkeit und Fehleranzahl beim lauten Vorlesen bestimmen (ZLT, Linder & Grissemann, 2000) sowie Verfahren, die Lesegeschwindigkeit und Leseverständnis beim stillen Lesen erfassen. Hier werden dann in der Regel Antwortalternativen vorgegeben, aus denen ein Kind die richtige Lösung etwa durch Unterstreichen auswählen soll (etwa ELFE 1-6, Lenhard & Schneider, 2006).

2.2.3 Rechtschreibtests

Die Rechtschreibleistung wird meistens mit sogenannten Lückentext-Diktaten überprüft: etwa mit der WRT-Reihe (Birkel 2007a bis d) oder mit der DRT-Reihe (Müller 2004a, b, c und Grund, Haug & Naumann 2004a, b; siehe Tab. 4). Dabei wird zunächst ein Teilabschnitt vorgelesen, dann noch einmal der Satz, in dem sich das zu schreibende Wort befindet, dann noch einmal das Wort und nach kurzer Zeit wird das zu schreibende Wort wiederholt. Die Auswertung kann dann quantitativ über die Anzahl der richtig oder falsch geschriebenen Wörter erfolgen. Einige Verfahren, etwa die DRT-Reihe oder die Hamburger Schreib-Probe (HSP 1-9) (May, 2002) bieten zusätzlich noch eine genauere Fehleranalyse an. Dabei werden etwa unterschieden:

- *Wahrnehmungsfehler* (z. B. fehlerhafte Wortdurchgliederung, etwa „zieth" statt „zieht"); neben der Vertauschung von Buchstaben treten Auslassungen oder Ergänzungen auf, durch die das Wort akustisch entstellt wird. Weiterhin können akustisch unterscheidbare Buchstaben oder Buchstabengruppen vertauscht werden, etwa „glatscht" statt „klatscht" oder „klacht" statt „klatscht".
- *Regelfehler* liegen vor, wenn gegen die Rechtschreibregeln verstoßen wird, das Wort aber phonetisch richtig geschrieben ist. Es werden verschiedene Regelfehler unterschieden:
  • Falsche Groß- bzw. Kleinschreibung, etwa „ball",
  • Fehler bei Dehnung/Doppelung, etwa „rehnen",

Tabelle 4: Neuere Lese- und Rechtschreibtests

Testname	Jahr	Normierung	Klasse
Lesetests			
Salzburger Lese- und Rechtschreibtest (SLRT)	1997	N = 2.800	Ende 1. bis Ende 4. Klasse
Salzburger Lese-Screening für die Klassenstufen 1–4 (SLS 1-4)	2003	N = 1.867	Ende 1. bis Ende 4. Klasse
Salzburger Lese-Screening für die Klassenstufen 5–8 (SLS 5-8)	2005	Jede Schulstufe zwischen 714 und 850 Schüler	Ende 5. bis Ende 8. Klasse
Zürcher Lesetest (ZLT)	2000	N = 449	2. bis 6. Klasse
Zürcher Leseverständnistest für das 4. bis 6. Schuljahr (ZLVT 4-6)	2000	N = 300	4. bis 6. Klasse
Knuspels Leseaufgaben (KNUSPEL-L)	1998	N = 4.746	Ende 1. bis Ende 4. Klasse
Würzburger Leise Leseprobe (WLLP)	1998	N = 2.820	1. bis 4. Klasse
Ein Leseverständnistest für Erst- bis Sechstklässler (ELFE 1-6)	2006	N = 4.893	1. bis 6. Klasse
Rechtschreibtests			
Diagnostischer Rechtschreibtest für 1. Klassen (DRT 1)	2004	N = 1.488 (67 Klassen)	Ende 1. bis Anfang 2. Klasse
Diagnostischer Rechtschreibtest für 2. Klassen (DRT 2)	2004	N = 2.313 (107 Klassen)	Ende 2. bis Anfang 3. Klasse
Diagnostischer Rechtschreibtest für 3. Klassen (DRT 3)	2004	N = 2.234 (103 Klassen)	Ende 3. bis Anfang 4. Klasse
Diagnostischer Rechtschreibtest für 4. Klassen (DRT 4)	2004	N = 2.148 aus 12 Bundesländern	Anfang/Mitte 4. Klasse
Diagnostischer Rechtschreibtest für 5. Klassen (DRT 5)	2004	N = 3.131 aus 11 Bundesländern	Mitte 5. Klasse
Weingartener Grundwortschatz Rechtschreib-Test für erste und zweite Klassen (WRT 1+)	2007	Form A N = 4.131 Form B N = 3.845	1. + 2. Klasse
Weingartener Grundwortschatz Rechtschreib-Test für zweite und dritte Klassen (WRT 2+)	2007	Form A N = 2.219 Form B N = 2.232	2. + 3. Klasse
Weingartener Grundwortschatz Rechtschreib-Test für dritte und vierte Klassen (WRT 3+)	2007	Form A lang N = 1.904 Form A kurz N = 807 Form B lang N = 2.122 Form B kurz N = 912	3. + 4. Klasse
Weingartener Grundwortschatz Rechtschreib-Test für vierte und fünfte Klassen der Grund- und Hauptschule (WRT 4+)	2007	Form A lang N = 2.299 Form A kurz N = 1.459 Form B lang N = 2.207 Form B kurz N = 1.095	4. + 5. Klasse
Westermann Rechtschreibtest 6+ (WRT 6+)	1980	N = 7.126	5. bis 7. Klasse

Tabelle 4: Neuere Lese- und Rechtschreibtests (Fortsetzung)

Testname	Jahr	Normierung	Klasse
Deutscher Rechtschreibtest für das erste und zweite Schuljahr (DERET 1-2+)	2008	N = 2.500	Ende 1. + 2./ Beginn 2. + 3. Klasse
Deutscher Rechtschreibtest für das dritte und vierte Schuljahr (DERET 3-4+)	2008	N = 2.500	Ende 3. + 4./ Beginn 4. + 5. Klasse
Rechtschreibungstest (RT)	2004	N = über 1.700 Personen	Alter: zwischen 15 und 30 Jahre
Hamburger Schreib-Probe 1-9 (HSP 1-9)	2002	N = schwankend je nach Klassenstufe zwischen 440 und 1.899	Mitte 1. bis Ende 9. Klasse
Rechtschreibtest – Neue Rechtschreibregelung (RST-NRR)	2001	N = schwankend je nach Altersstufe 55–1.009	ab dem 14. Lebensjahr nach Schulformen getrennt
Basiskompetenzen für Lese-Rechtschreibleistungen (BAKO 1-4)	2003	N = 876	Ende 1. bis Ende 4. Klasse
Bielefelder Screening zur Früherkennung von Lese-Rechtschreibschwierigkeiten (BISC)	2002	N = 1.120	Beginn oder Mitte des letzten Vorschuljahres

- Fehler, die durch Ableitung vermeidbar wären (z. B. „Sant"),
- Fehler bei sp- und st-Schreibung, etwa (z. B. „Schtuhl"),
- F und V werden verwechselt, etwa „fertragen" oder „vür" und
- Qu wird falsch geschrieben, etwa „Kwark".

Bei der Auswahl eines Tests sollte vor allem auf eine repräsentative, aktuelle Normierung geachtet werden. Die aktuellsten Normen weisen derzeit die WRT-Reihe und die jüngst erschienenen DERET 1-2+ (Stock & Schneider, 2008a) sowie DERET 3-4+ (Stock & Schneider, 2008b) auf. Dem gegenüber weist etwa die DRT-Reihe (normiert Mitte der 90er-Jahre) deutlich veraltete Normen auf. Die Hamburger Schreib-Probe (HSP 1-9) hat ihre aus Ende der 80er-Jahre stammende Stichprobe zwar erweitert und überprüft, allerdings wiesen Reanalysen (Tacke, Völker & Lohmüller, 2001a, 2001b) darauf hin, dass die Normierung nicht repräsentativ ist, somit sollte von der Verwendung abgesehen werden. Insbesondere werden mit der HSP viele Kinder zu gut eingestuft, was bewirkt, dass ihnen eine Förderung verwehrt wird, die eigentlich notwendig ist.

2.2.4 Rechentests

Derzeit sind folgende Einzelverfahren zur Diagnostik einer Rechenstörung zu empfehlen: Die Neuropsychologische Testbatterie für Zahlenverarbeitung und Rechnen bei Kindern (ZAREKI-R; Aster, Weinhold & Horn, 2006) für die erste bis vierte Klasse, der Test zur Diagnose von Dyskalkulie (TeDDy-PC; Schroeders & Schneider, 2008) ebenfalls für die erste bis vierte Klasse, des Weiteren der Test zur Erfassung numerisch-rechnerischer Fertigkeiten vom Kindergarten bis zur 3. Klasse (TEDI-MATH; Kaufmann, Nuerk, Graf, Krinzinger, Delazer & Willmes, 2009) sowie das Rechen- und Zahlenverarbeitungs-Diagnostikum für die zweite bis sechste Klasse (RZD 2-6; Jacobs & Petermann, 2005).

Die beiden Verfahren ZAREKI-R und RZD 2-6 unterscheiden sich vor allem in ihrem Aussagebereich (neben dem Altersbereich). Der RZD 2-6 umfasst deutlich mehr Subtests, unter anderem werden zusätzlich schriftliches Rechnen, Verständnis für das Stellenwertsystem, Regelverständnis und Divisionsrechnungen erfasst. Hinzu kommt, dass der RZD 2-6 im Gegensatz zum ZAREKI-R nicht nur die

Rechengüte (= Lösung einer Aufgabe), sondern auch die Rechengeschwindigkeit erfasst. Dabei kann beim RZD 2-6 festgestellt werden, ob ein Kind eine Rechengeschwindigkeit aufweist, die seiner Klassenstufe angemessen ist. Vor allem Kinder, die nicht altersgemäße Rechenstrategien (etwa Zählen mit den Fingern) verwenden, aber richtig – allerdings sehr langsam – rechnen, werden bei der Diagnostik mit dem RZD 2-6 gezielt erfasst und können dadurch der Rechenförderung zugeführt werden.

2.3   Vertiefende Diagnostik

Häufig ergeben sich aus der Anamnese und Basisdiagnostik Hinweise auf weitere Teilleistungsstörungen. Dabei kann die Profilanalyse des HAWIK-IV zusammen mit dem Fragebogen zum Erstgespräch (vgl. Anhang A) Hinweise auf das Vorliegen einer
– Lern- und Merkfähigkeitsstörung,
– visuell-räumlichen Wahrnehmungsstörung,
– visuo-grafomotorische Verlangsamung,
– Sprachstörung
geben.

Neben einer Sprach- und Rechenstörung (etwa 50 % der Kinder mit Rechenstörung haben auch eine LRS, vgl. Jacobs & Petermann, 2007) tritt eine Aufmerksamkeitsstörung vermutlich besonders häufig auf. So fanden Jacobs und Petermann (2008a) in einer Inanspruchnahmepopulation von 132 Kindern mit Aufmerksamkeitsstörung bei circa 32 % eine LRS.

Aufmerksamkeitsleistungen gelten als Basis für das Erlernen des Lesens und Schreibens und sollen ausführlich diskutiert werden.

Die Aufmerksamkeitssteuerung besitzt für Kinder mit LRS eine besondere Bedeutung. So müssen Kinder beim Diktat in der Lage sein, ihre akustische Aufmerksamkeit auf die Stimme der Lehrkraft zu fokussieren. Bei Diktaten werden aber auch Anforderungen an die parallele Reizverarbeitung gestellt. Eine Lehrkraft diktiert etwa einen Halbsatz, ein Kind beginnt zu schreiben. Nun wiederholt eine Lehrkraft als Hilfestellung nach kurzer Zeit erneut den Halbsatz. Bei Kindern mit LRS ist zu vermuten, dass sie bei der Wiederholung mit dem Schreiben des Halbsatzes noch nicht fertig sind. Sie müssen nun weiterschreiben und gleichzeitig zuhören und vergleichen. Kinder mit einer Störung der Aufmerksamkeitssteuerung beschweren sich nicht selten darüber, dass sie eine solche Wiederholung beim Schreiben stört. Gut erfassen lassen sich die beschriebenen Aufmerksamkeitskomponenten mit der Testbatterie zur Aufmerksamkeitsprüfung (TAP; Zimmermann & Fimm, 2002). Erfreulich ist, dass diese Aufmerksamkeitssteuerungsdefizite auch sehr erfolgreich therapierbar sind – etwa mit dem Trainingsprogramm ATTENTIONER (Jacobs & Petermann, 2008b).

2.4   Abschlussgespräch

Ein ausführliches Abschlussgespräch mit den Eltern beendet den diagnostischen Prozess. Alle Testbefunde, das beobachtete Verhalten eines Kindes während der Diagnostik und auch die Fragebogenergebnisse sollten erläutert werden. Es sollten keineswegs nur die Defizite, sondern auch die Ressourcen eines Kindes angesprochen werden. Aus den Befunden sollte abgeleitet werden, welche therapeutischen Maßnahmen mit welchem zeitlichen Umfang im vorliegenden Fall am geeignetsten erscheinen.

Zusätzlich sollte erläutert werden, wie häufig das Störungsbild vorkommt und mit welcher Prognose zu rechnen ist. Auch über Möglichkeiten zum Nachteilsausgleich in der Schule (s. Falldarstellungen) sollte aufgeklärt werden. Schließlich ist auch auf Möglichkeiten zur Kostenübernahme durch das Jugendamt (§ 35a SGB VIII, vgl. Kasten 1) hinzuweisen.

Nach der gesetzlichen Vorgabe gemäß § 35a steht einem seelisch behinderten oder von einer solchen Behinderung bedrohten Kind ein Anspruch auf Eingliederungshilfe zu. Wann aber liegt eine solche seelische Behinderung vor? In der Regel bezieht sich dies auf eine oder mehrere der folgenden Beeinträchtigungen:
– Ängste (etwa Schulangst, Prüfungsangst, soziale Ängste),
– ein stark gemindertes Selbstwertgefühl,
– Depression oder
– massiv aggressives Verhalten.

Kasten 1: Gesetzestext des § 35a SGB VIII: Eingliederungshilfe für seelisch behinderte Kinder und Jugendliche.

---

§ 35a SGB VIII

Absatz 1

Kinder und Jugendliche haben Anspruch auf Eingliederungshilfe, wenn
1. ihre seelische Gesundheit mit hoher Wahrscheinlichkeit länger als sechs Monate vom dem für ihr Lebensalter typischen Zustand abweicht, und
2. daher ihre Teilhabe am Leben in der Gesellschaft beeinträchtigt ist oder eine solche Beeinträchtigung zu erwarten ist.

Von einer seelischen Behinderung bedroht gelten Kinder und Jugendliche, bei denen eine Beeinträchtigung ihrer Teilhabe am Leben in der Gesellschaft nach fachlicher Kenntnis mit hoher Wahrscheinlichkeit zu erwarten ist.

Absatz 2

Hinsichtlich der Abweichung der seelischen Gesundheit nach Absatz 1 Satz 1 Nr. 1 hat der Träger der öffentlichen Jugendhilfe die Stellungnahme
1. eines Arztes für Kinder- und Jugendpsychiatrie und -psychotherapie,
2. eines Kinder- und Jugendpsychotherapeuten oder
3. eines Arztes oder Psychologischen Psychotherapeuten, der über besondere Erfahrungen auf dem Gebiet seelischer Störungen bei Kindern und Jugendlichen verfügt

einzuholen. Die Stellungnahme ist auf der Grundlage der Internationalen Klassifikation der Krankheiten in der vom Deutschen Institut für Medizinische Dokumentation und Information herausgegebenen deutschen Fassung zu erstellen. Dabei ist auch darzulegen, ob die Abweichung Krankheitswert hat oder auf einer Krankheit beruht. Die Hilfe soll nicht von der Person oder dem Dienst oder der Einrichtung, der die Person angehört, die die Stellungnahme abgibt, erbracht werden.

Die Kinder- und Jugendhilfe ist allerdings nur dann Leistungsträger der Maßnahme, wenn kein anderer Leistungsträger (z. B. die Krankenkasse) zuständig ist. Das bedeutet, dass – wenn etwa eine primäre Angststörung diagnostiziert wird – zunächst die Krankenkasse zahlungspflichtig wäre. In diesem Falle wäre eine Kinderpsychotherapie durchzuführen.

Eine seelische Behinderung allein reicht nicht aus, damit das Jugendamt Kosten übernimmt. Vielmehr ist es außerdem notwendig, dass die seelische Behinderung die Teilhabe an der Gesellschaft gefährdet. Von einer Gefährdung der Teilhabe an der Gesellschaft kann etwa gesprochen werden, wenn

- ein Kind in der Klasse nicht integriert ist, also langfristig Außenseiter bleibt,
- ein Kind sich sozial zurückzieht, also nur noch zu Hause aufhält und sich nicht mit Gleichaltrigen trifft,
- gehäuft Gesetzesübertretungen auftreten (etwa Diebstahl, Sachbeschädigungen).

Um das Vorliegen beziehungsweise Drohen einer seelischen Behinderung, die die Teilhabe an der Gesellschaft gefährdet, zu überprüfen, muss das Jugendamt eine gutachterliche Stellungnahme einholen. In der Praxis werden die Kosten, die für diese Stellungnahme entstehen, häufig nicht vom Jugendamt übernommen. Eltern sollten sich trotzdem wegen einer möglichen Kostenübernahme zunächst an das Jugendamt wenden. Häufig erhalten Eltern hier Adressen von möglichen Gutachtern. Bei der Auswahl eines Gutachters ist eine wesentliche Neuregelung des § 35a SGB VIII zu berücksichtigen. Das Gutachten soll nicht von der Einrichtung erstellt werden, die auch die Behandlung durchführen möchte.

Die Eingliederungshilfe bezieht sich häufig auf eine ambulante Fördermaßnahme, die für Kinder mit einer umschriebenen Entwicklungsstörung schulischer Fertigkeiten angeboten wird. In besonderen Fällen lassen sich auch teilstationäre oder stationäre Maßnahmen (z. B. Internatsunterbringung) begründen.

2.5   Falldarstellungen

2.5.1   Merle (10 Jahre), fünfte Klasse Gymnasium

Merle gehe in die fünfte Klasse des Gymnasiums und schreibe dort gute Noten, außer im Fach Deutsch. In Deutsch falle vor allem eine sehr hohe Anzahl an Rechtschreibfehlern auf, es komme zu Fehlern bei Dehnungs- und Doppellauten sowie bei Endungen und bei der Groß- und Kleinschreibung. Merle neige dazu, ihre Aufsätze sehr kurz zu halten, damit sie nicht zu viele Fehler mache. Grundsätzlich meide sie Aufgabenstellungen, bei denen geschrieben werden müsse. Sie äußere dann häufig „Ich kann das nicht!" oder „Das versteh' ich nicht!".

In der Schule zeige sich Merle häufiger abgelenkt, rede mit Mitschülerinnen, wisse aber auf Fragen des Lehrers immer eine Antwort. Bei Stillarbeiten beklage sich Merle häufiger über den Lärm in der Klasse: Sie könne sich so nicht konzentrieren. Früher habe sie auch häufiger Lösungen in den Unterricht gerufen, ohne sich zu melden. Eine gesteigerte motorische Unruhe liege nicht vor. In den letzten Monaten ziehe sich Merle immer mehr zurück, beteilige sich kaum noch am Unterricht, treffe sich nicht mehr mit ihren Freundinnen und besuche, obwohl sie eine sehr gute Spielerin sei, nicht mehr ihren Hockeyverein. Sie wirke lustlos und mache kaum etwas aus eigenem Antrieb. Die Mutter berichtet, dass ihr das veränderte Verhalten erstmals nach dem ersten benoteten Diktat in der Schule aufgefallen sei. Merle habe hier eine Fünf geschrieben. Auch in der Folgearbeit, einem Aufsatz, sei ihre Rechtschreibleistung mangelhaft benotet worden, und sie habe daher nur eine Vier bekommen. Nun habe Merle Angst vor der nächsten Deutscharbeit und klage an Tagen, an denen Deutsch auf dem Stundenplan steht, häufiger über Bauch- und Kopfschmerzen. Die Mutter habe hier zunächst empathisch reagiert, sei dann aber, als sich die Klagen gehäuft und ärztlich kein Befund vorgelegen habe, streng gewesen und habe Merle trotzdem in die Schule geschickt.

Anamnese: Nach unauffälliger Schwangerschaft sei die Geburt spontan aus Hinterhauptslage termingerecht erfolgt. Merle sei ein Wunschkind der Eltern. Die Mutter (38 Jahre) habe nach dem Abitur Chemie studiert und sei dann nach dem Abschluss des Studiums mit Merle schwanger geworden. Zwei Jahre später sei dann der jüngere Bruder Marvin geboren worden. Derzeit leiste die Mutter die Haupterziehungsarbeit. Der Vater habe nach dem Abitur Jura studiert und sei nun Rechtsanwalt in eigener Praxis. Häufig komme er spät abends nach Hause und sehe daher die Kinder nur an den Wochenenden. Merle habe die frühkindlichen Meilensteine (Sitzen, Krabbeln, Laufen, Sprechen) unauffällig durchlaufen. Allerdings habe sie früh einen ausgereiften Wortschatz gehabt. Im Kindergarten sei sie durch viele Spielzeugwechsel aufgefallen. Auch habe sie schwer warten können, bis sie an der Reihe ist. Es habe eine Aussprachestörung (Verwechslung von „g" und „k" sowie „t") vorgelegen, die logopädisch erfolgreich behandelt worden sei. Eine jüngst durchgeführte pädaudiologische Untersuchung habe allerdings Auffälligkeiten beim dichotischen Hören (50 % reduziert) ergeben. Eine augenärztliche Untersuchung sei ohne Befund gewesen.

Wie die Mutter berichtet, seien bis in die vierte Klasse hinein geübte Diktate geschrieben worden. Hier habe Merle häufig Dreien geschrieben. Erst als ungeübte Diktate geschrieben wurden, habe sie häufiger auch mal eine Fünf, aber auch mal knappe Vieren nach Hause gebracht. Lesen sei ihr anfänglich schwer gefallen. Heute lese Merle jedoch gerne und viel.

Familienanamnestisch ist zu bemerken, dass der Vater noch heute über Rechtschreibprobleme klage. Glücklicherweise dürfe er jetzt diktieren, auch sei der Vater durch Konzentrationsprobleme aufgefallen. Auch Merles Bruder habe große Probleme beim Lese-Rechtschreiberwerb.

Basisdiagnostik

Verhaltensbeobachtung: Merle nahm interessiert und motiviert an der Intelligenz- und Aufmerksamkeitstestung teil. Bei der Rechtschreibtestung ließ sich eine deutliche körperliche Anspannung beobachten. Auch beim Gespräch über das Fach Deutsch zeigte sich diese körperliche Anspannung gepaart mit deutlicher Resignation. Im Affekt wirkte Merle eher flach, wenn über die Schule gesprochen wurde. Bei Sportthemen wirkte sie deutlich lockerer und schwingungsfähiger. Auf die Fünfen im Diktat angesprochen, schlägt Merle den Blick nieder und bekommt feuchte Augen.

Intelligenztestung: Merle verfügt über eine weit überdurchschnittliche Intelligenz (IQ = 131). Allerdings zeigt sich eine deutliche Diskrepanz zwischen dem Sprachverständnis (SV, IQ = 138) und Wahrnehmungsgebundenem Logischem Denken (WLD, IQ = 127) im HAWIK-IV gegenüber dem Arbeitsgedächtnis (AGD, IQ = 108) und der Verarbeitungsgeschwindigkeit (VG, IQ = 117). Tabelle 5 verdeutlicht, dass die Differenz zwischen SV und AGD nur bei 2,9 %, zwischen SV und VG bei 12,1 % sowie zwischen WLD und AGD nur bei 11 % der Bevölkerung dieser Altersklasse vorliegt. Diese Diskrepanzen gelten als klinisch auffällig, weil ihre Auftretenswahrscheinlichkeit sehr gering ist.

Eine genauere Analyse des Subtestprofils zeigt, dass Merle besondere Leistungsspitzen beim Wortschatz (WT), im sprachlich-basierten Abstraktionsvermögen (GF) sowie beim Erkennen von alltagspraktischen Kausalzusammenhängen, aber auch beim logisch-abstrakten Denken mit visuellem Material (MZ), beim Erkennen von fehlenden Details bildlicher Darstellungen (BE) sowie bei räumlich-konstruktiven Aufgabenstellungen aufweist.

Rechtschreibleistung: Auf eine psychometrische Erfassung der Leseleistung wurde verzichtet, da hier in der Anamnese berichtet wurde, dass Merle gerne und viel lese.

Die Rechtschreibleistung wurde mit dem DRT 5 erfasst. Merle unterliefen elf Fehler bei 51 Wörtern. Dies entspricht nach Gymnasialnorm einem Prozentrang von 18. Eine qualitative Analyse, die zusätzlich zum DRT 5 an einem Fließdiktat durchgeführt wurde, zeigt, dass Merle überwiegend Regelfehler machte, wie Dehnungs- und Doppellautfehler sowie Fehler bei der Groß- und Kleinschreibung. Lautgetreues Schreiben gelingt Merle dagegen recht gut.

Psychische Auffälligkeiten: Eltern und Lehrer beurteilen übereinstimmend die Skala „Emotionale Probleme" des SDQ (Strength and Difficulties Questionnaire) (Goodman, 1997) als auffällig sowie die Skala „Hyperaktivität" als grenzwertig. Dabei wur-

Tabelle 5: Differenzen zwischen den Index-Werten des HAWIK-IV

Index	Wert 1	Wert 2	Differenz	Kritischer Wert	Signifikante Differenz	Grundrate
SV – WLD	138	127	11	7.78	Ja	19.5
SV – AGD	138	108	30	7.63	Ja	2.9
SV – VG	138	117	21	9.85	Ja	12.1
WLD – AGD	127	108	19	8.28	Ja	11.0
WLD – VG	127	117	10	10.36	Nein	28.0
AGD – VG	108	117	−9	10.24	Nein	32.2
Untertest	Wert 1	Wert 2	Differenz	Kritischer Wert	Signifikante Differenz	Grundrate
ZN – BZF	11	12	−1	2.19	Nein	45.5
ZST – SYS	13	13	0	2.77	Nein	50.0
GF – BK	15	−13	2	2.4	Nein	28.2

Anmerkung: SV = Sprachverständnis, WLD = Wahrnehmungsgebundenes Logisches Denken, AGD = Arbeitsgedächtnis, VG = Verarbeitungsgeschwindigkeit, ZN = Zahlennachsprechen, BZF = Buchstaben-Zahlen-Folge, ZST = Zahlen-Symbol-Test, SYS = Symbolsuche, GF = Gemeinsamkeiten finden, BK = Bildkonzepte

den bei der Subskala „Hyperaktivität" diejenigen Items als zutreffend angegeben, die auf eine Unaufmerksamkeit hindeuten, nicht jedoch jene, die motorische Unruhe erfragen.

Vertiefende Diagnostik

Es ergaben sich Hinweise auf eine Aufmerksamkeitsstörung vom unaufmerksamen Typus und auf emotionale Probleme (Angst, Resignation). Die vertiefende Diagnostik umfasste daher eine computergestützte Aufmerksamkeitstestung mit der Testbatterie zur Aufmerksamkeitsprüfung (TAP). sowie den Einsatz von spezifischen Fragebögen: Angstfragebogen für Schüler (AFS), Depressionsinventar für Kinder und Jugendliche (DIKJ), Fremdbeurteilungsbogen-Hyperkinetische Störung (FBB-HKS) aus dem Diagnostik-System für psychische Störungen im Kindes- und Jugendalter nach ICD-10/DSM-IV (DISYPS-KJ) (Döpfner & Lehmkuhl 2000) und Fragebogen zur Leistungsmotivation für die 4. bis 6. Klasse (FLM 4-6).

Aufmerksamkeitstestung: Die Aufmerksamkeitstestung (vgl. Abb. 2) erbrachte einen unauffälligen Befund in der Aufmerksamkeitsintensität (Aufmerksamkeitskraft), das heißt, sowohl der Subtest Alertness, der den Wachheitsgrad misst, als auch der Subtest Vigilanz, der das dauerhafte Aufrechterhalten der Aufmerksamkeit erfasst, fallen unauffällig aus. Deutliche Defizite zeigt die Testung der Aufmerksamkeitssteuerung: Sowohl die fokussierte Aufmerksamkeit (Subtest GO/NOGO) als auch die parallele Reizverarbeitung (Subtest Geteilte Aufmerksamkeit) ergaben gut durchschnittlich schnelle, homogene Reaktionszeiten (Median) bei einer deutlich erhöhten Fehleranzahl und einer unauffälligen Anzahl von Auslassungen.

Die Auswertung der spezifischen Fragebögen (FBB-HKS) untermauert die testpsychologischen Befunde der TAP, so dass eine Aufmerksamkeitsstörung ohne Hyperaktivität (ICD-10: F98.8) zu diagnostizieren ist.

Der Angstfragebogen für Schüler (AFS) (Wieczerkowski, Nickel, Janowski, Fittkau & Rauer 1981) misst auf vier Subskalen Prüfungsangst (PA), Manifeste Angst (MA), Schulunlust (SU) und Soziale Erwünschtheit (SE). Merle gibt eine grenzwertige

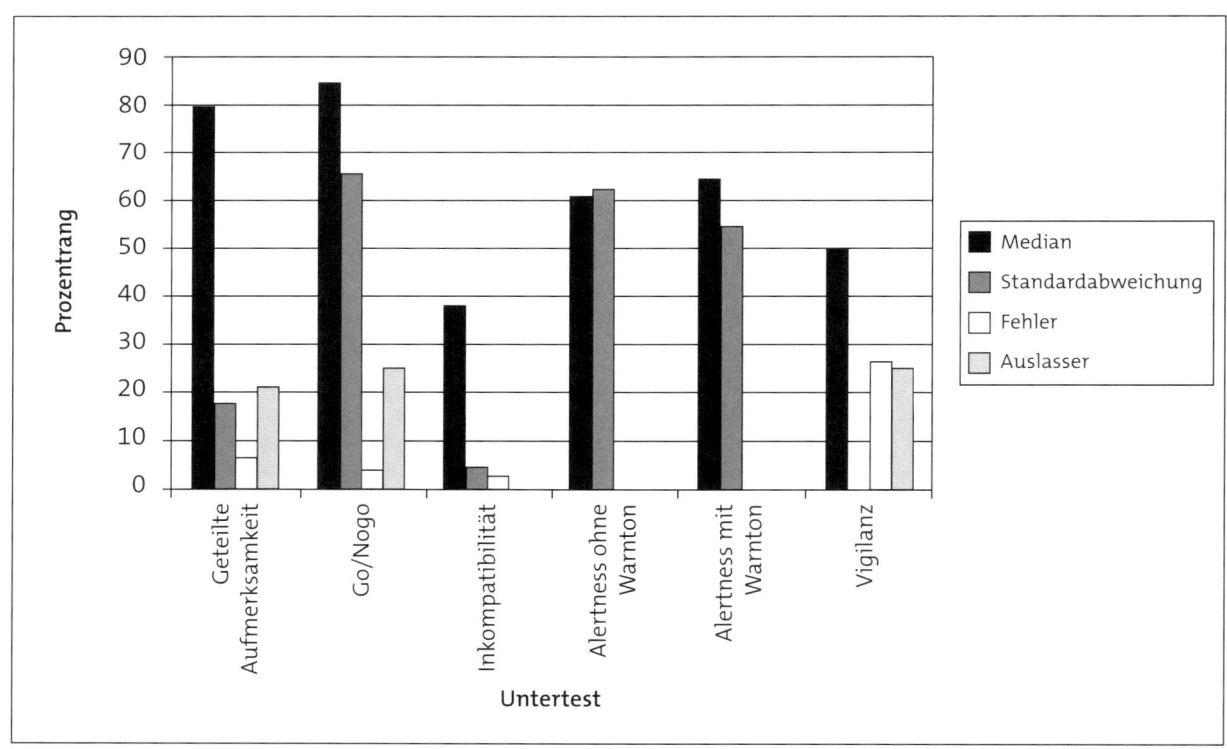

Abbildung 2: Aufmerksamkeitsleistungen (in der TAP) von Merle

Prüfungsangst, Manifeste Angst und eine auffällige Schulunlust an. Auch die Subskala Soziale Erwünschtheit wird als auffällig eingeschätzt. Dies kann so interpretiert werden, dass Merle danach strebt, sozial angepasst zu wirken. Allerdings kann auch davon ausgegangen werden, dass Merle auch die übrigen Skalen des AFS teilweise sozial erwünscht beantwortet hat, die tatsächlichen Werte also höher liegen als von Merle angegeben.

Im Fragebogen zur Leistungsmotivation für die 4. bis 6. Klasse (FLM 4-6) von Petermann und Winkel (2007) ergibt sich eine erhöhte Prüfungsangst (Subskala Hemmende Prüfungsangst). Im Depressionsinventar für Kinder und Jugendliche (DIKJ) (Stiensmeier, Schürmann & Duda, 2000) ergibt sich ebenfalls ein grenzwertiger Befund. Insgesamt kann davon ausgegangen werden, dass bei Merle erhebliche emotionale Beeinträchtigungen vorliegen. Im Einzelnen kann von einer sekundär erworbenen Prüfungsangst (F40.2) sowie einer drohenden depressiven Episode mit Schulverweigerung ausgegangen werden. Damit sind bei Merle die Voraussetzungen für eine Förderung durch das Jugendamt nach § 35a SGB VIII gegeben. Vermutlich in Folge der isolierten Rechtschreibstörung (F81.1) hat sich eine Prüfungsangst, also seelische Behinderung entwickelt. Bei Merle droht eine Schulverweigerung sowie ein starker sozialer Rückzug, damit ist die Teilhabe am Leben in der Gesellschaft gefährdet.

Zusammenfassende Beurteilung für das Abschlussgespräch: Merle weist im HAWIK-IV einen IQ von 131 auf. Ihre Rechtschreibleistung überschreitet mit einem Prozentrang von 18 den in den Richtlinien vorgegebenen Wert von 10. Allerdings findet bei Extremen im allgemeinen Leistungsniveau die Tabelle 1 im Kapitel 1.2 Anwendung. Danach ergibt sich bei einem IQ von 131 ein Grenzwert von Prozentrang 34. Bei einem Prozentrang von 34 oder einem niedrigeren Prozentrang bei der Rechtschreibleistung ist eine Rechtschreibstörung zu diagnostizieren. Merle weist mit einem Prozentrang 18 einen deutlich unter diesem Grenzwert liegenden Wert auf. Da die Leseleistung unauffällig ist, liegt also eine isolierte Rechtschreibstörung (F81.1) vor.

Die vertiefende Diagnostik erbringt eine Aufmerksamkeitsstörung vom vorwiegend unaufmerksa-

men Typus (F98.8). Es ist allerdings nur die Aufmerksamkeitssteuerung betroffen – bei intakter Aufmerksamkeitskraft. Sekundär hat sich außerdem eine Prüfungsangst (F40.2) entwickelt. Merle weist eine deutlich resignative Haltung gegenüber dem Rechtschreiberwerb auf.

Im Abschlussgespräch wird den Eltern eine Kinderverhaltenstherapie unter anderem unter Verwendung des Trainingsprogramms ATTENTIONER empfohlen. Aber auch der Prüfungsangst sollte verhaltenstherapeutisch begegnet werden. In der Rechtschreibtherapie sollte zur Motivierung ein Verstärkungsprogramm herangezogen werden. Außerdem sollte ein Rechtschreibprogramm verwendet werden, das die Rechtschreibleistung über die visuelle Modalität verbessern kann, da Merles auditive Modalität deutlich schwächer ausgeprägt ist. Auch sollte das Rechtschreibprogramm primär auf die Verbesserung von Regelfehlern (Orthografie) abzielen.

Für die Schule ist ein Nachteilsausgleich zu empfehlen. So sollte etwa für die Dauer der Rechtschreibtherapie die Rechtschreibbenotung ausgesetzt werden. In anderen Fächern sollte die Rechtschreibleistung ebenfalls nicht bewertet und nicht kommentiert werden. Als Leistungsrückmeldung eignet sich besser der Quotient aus richtig geschriebenen Wörtern im Verhältnis zu der Gesamtanzahl der geschriebenen Wörter. Merle kann hier besser ihren Lernfortschritt erkennen, da dieses Maß sensibler für Veränderungen in der Rechtschreibgüte ist. Aufgrund ihrer Angst, Fehler zu machen, verlangsamt sich Merles Schreibgeschwindigkeit erheblich. Sie sollte daher bei Aufsätzen mehr Zeit zur Verfügung gestellt bekommen. Insgesamt sollte die mündliche Leistung bei der Benotung stärker gewichtet werden.

2.5.2 Lasse (8 Jahre), dritte Klasse

Lasse habe große Probleme, Texte eigenständig zu erlesen. Er lese stark verlangsamt und müsse sich auch vor kurzem gelesene Worte immer wieder neu silbenweise erschließen. Dabei komme es zu falschen Antizipationen (Vorwegnahmen) und zum Verschlucken von Endungen. Auch klappe er Buchstaben („d" versus „b"), so lese er etwa „bein" statt „dein". Die Rechtschreibung sei sehr fehlerhaft, selbst in geübten Diktaten. Jetzt in der dritten Klasse bekomme Lasse Noten, die bei Diktaten durchweg ungenügend seien. Zu Hause gebe es gehäuft Konflikte bei den Hausaufgaben. Lasse meide solche Anstrengungen. Er sei ständig mit anderen Dingen beschäftigt und müsse dann auf die Aufgabe zurückgeführt werden. Dabei diskutiere er häufig über die Notwendigkeit der gestellten Aufgaben; von alleine würde er die Hausaufgaben wohl nie beginnen. Erst nach mehrfacher Aufforderung und wenn die Mutter richtig wütend werde, beginne Lasse mit den Hausaufgaben.

Eine ausgeprägte motorische Unruhe sei nicht zu beobachten. Auch im Fach Mathematik komme Lasse den Anforderungen in der Klasse nicht hinterher. Immer noch benutze er im Zahlenraum bis 20 die Finger und rechne zählend. Allerdings verzähle er sich dabei häufig. Die Mathematiklehrerin habe in einem Elterngespräch geäußert, dass Lasse einfach keinen Sinn für Zahlen habe. Auch das Stellenwertsystem habe er noch nicht erfasst.

In der Schule sei Lasse eher ein Außenseiter. Dieser Tatbestand sei vermutlich auch gegeben, weil er sehr emotional reagierte (Wutausbrüche, Schubsen), wenn er wegen falscher Ergebnisse im Rechnen oder beim Vorlesen ausgelacht werde, oder sich Hänseleien wie „Spasti-Lasse" ausgesetzt sehe. Zu Hause halte sich Lasse häufig nicht an Grenzen und Regeln und werde schnell wütend, wenn es nicht nach seiner Nase gehe. Seine Frustrationstoleranz sei sehr gering und er könne sich dann schlecht bremsen.

Lasse sei ein guter Sportler. Er spiele sehr erfolgreich Tischtennis im Verein und höre gerne Hörspiele von den „Drei Fragezeichen".

Anamnese: Lasse sei in der 41. Schwangerschaftswoche via Notsectio geboren worden. Im Vorsorgeheft wurde eine Dyslalie vermerkt. Die weiteren frühkindlichen Meilensteine habe Lasse altersgemäß durchlaufen. Im Kindergarten sei er wegen seines aufbrausenden Temperaments aufgefallen und habe daher nur schwer Anschluss gefunden. Auch sei es ihm schwergefallen, längere Zeit bei einem Spiel zu verweilen. Eine pädaudiologische Untersuchung habe Probleme bei der Mor-

phem-Grafem-Zuordnung und ein beeinträchtigtes dichotisches Hören (50 %) ergeben; des Weiteren sei der auditive Kurzzeitspeicher beeinträchtigt. Eine logopädische Behandlung sei bis ins Grundschulalter durchgeführt worden. Eine augenärztliche Untersuchung habe keinen Befund erbracht. In der Schule seien dann schnell Konzentrationsprobleme festgestellt worden. Beim Lese-Rechtschreiberwerb sei häufig die Auskunft erteilt worden, die Eltern sollen sich mal keine Sorgen machen, das komme schon noch.

Der Vater (42 Jahre, Abitur) von Lasse sei Spediteur und die Mutter (38 Jahre, Realschule) arbeite halbtags als Verkäuferin bei einem Herrenausstatter. Der Vater müsse häufig Überstunden machen und auch am Wochenende arbeiten. Früher in der Schule sei Lasses Vater auch als konzentrationsschwach bezeichnet worden. Die Mutter habe heute noch Rechenprobleme und sei froh, dass sie beim Herrenausstatter keine Abrechnung machen müsse. Auch der Lese-Rechtschreiberwerb sei der Mutter anfangs schwer gefallen, sie habe daher auch nur die Realschule besucht. Die Mutter sei nachmittags zu Hause, wenn Lasse aus der Schule komme. Lasses Bruder (Ole, 7 Jahre) sei in der zweiten Klasse und könne schon deutlich besser lesen als Lasse, sei aber sehr zappelig und konzentrationsschwach. Zwischen den Brüdern gebe es häufiger Streit, weil Ole Lasse damit aufziehe, dass dieser noch nicht lesen könne.

Basisdiagnostik

Verhaltensbeobachtung: Lasse musste sehr häufig auf die Aufgabenstellung zurückgeführt werden, da er sich sehr ablenkbar zeigte. Nach eigener Auskunft habe ihm die Untersuchung aber Spaß gemacht und es sei viel besser als Schule gewesen. Lasse zeigte sich offen, schwingungsfähig und mit normalem Affekt. Regeln stellte er gerne in Frage: „Warum darf ich denn nicht umblättern?" Auch wollte er gerne bestimmen: „Jetzt spielen wir." Bei der Schulleistungstestung zeigte sich dann deutlicher Unmut über die Aufgabenstellung. Durch versprochene Spielzeit am Kickertisch konnte Lasse jedoch zu guter Mitarbeit bewegt werden. Eine klinisch relevante motorische Unruhe war nicht beobachtbar. Bei der Durchführung des Rechentests rechnete Lasse ausschließlich zählend.

Intelligenzdiagnostik: Lasse verfügt über eine gut durchschnittliche Intelligenz (HAWIK-IV, IQ = 110). Die Index-Werte SV, WLD und AGD sind im guten Durchschnitt angesiedelt, wobei der Index VG deutlich schlechter ausgeprägt ist (IQ = 97), wie dies bei Kindern mit LRS häufiger der Fall ist. Eine genauere Analyse des Subtestprofils zeigt lediglich Rechnerisches Denken (RD) unterdurchschnittlich ausgeprägt; des Weiteren zeigen sich in den Subtests Allgemeines Wissen (AW) und Mosaik-Test (MT) Schwächen.

Lese-Rechtschreibtestung: Lasse erreicht im Wortverständnis, Satzverständnis und Textverständnis des ELFE 1-6 deutlich unterdurchschnittliche Ergebnisse. Insgesamt ergibt sich ein Prozentrang von 7,2. Das laute Vorlesen, gemessen mit dem ZLT, ist insgesamt verlangsamt (PR 1-5) und sehr fehlerhaft (PR 6-10). Die Rechtschreibleistung liegt mit einem Prozentrang von 4 deutlich unter dem Niveau der dritten Klasse. Lasse unterliefen vor allem Fehler bei Dehnungs- und Doppellauten, bei der Groß- und Kleinschreibung sowie Fehler, die durch Ableitung vermeidbar wären. Auch vertauschte er „ei" und „ie" häufig. Das Schreiben zeigte sich überwiegend lautgetreu.

Rechentestung: Im RZD 2-6 zeigt sich sowohl die Bearbeitungsgüte (Power = PR 4-11) als auch die Bearbeitungsgeschwindigkeit (Speed PR = 0–1) als auffällig. Lasse löst also zu wenige Aufgabenstellungen richtig und benötigt für die richtig bearbeiteten Aufgaben zu viel Zeit. Eine genauere Analyse des Rechentestprofils ergibt, dass Lasse die mengenmäßige Bedeutung von Zahlen noch nicht klassenstufengemäß erfassen kann. Er hat also noch keine analoge Größenrepräsentation für arabische Ziffern/Zahlen und Zahlwörter aufgebaut. Es besteht auch kein der Klassenstufe angemessenes Regelverständnis, und das Stellenwertesystem wurde auch noch nicht angemessen erfasst. Das Abzählen vorwärts ist noch nicht sicher genug. Bei allen Kopfrechenaufgaben (Addition, Subtraktion und Multiplikation) und bei den Textaufgaben zeigt sich eine deutliche Verlangsamung, da Lasse nur zählend rechnen kann.

Psychische Auffälligkeiten: Im SDQ zeigen sich bei Eltern- und Lehrereinschätzungen die Subskala Hyperaktivität grenzwertig und die Subskalen Probleme mit Gleichaltrigen und Verhaltensauffällig-keiten als auffällig. Allerdings wurden die Items, die motorische Unruhe erfassen, in der Subskala Hyperaktivität als nicht zutreffend angegeben.

Vertiefende Diagnostik

Aufmerksamkeitstestung: Lasses Aufmerksamkeitsintensität ist unbeeinträchtigt (Subtest Alertness und Vigilanz in der TAP). Die Aufmerksamkeit ist jedoch deutlich auffällig; es sind die Aufmerksamkeitsfokussierung und parallele Reizverarbeitung betroffen. Lasse erreicht unauffällige Reaktionszeiten, die jedoch mit einer deutlich erhöhten Fehleranzahl einhergehen. In der geteilten Aufmerksamkeit ergibt sich außerdem eine stark erhöhte Auslassungsanzahl (vgl. Abb. 3).

Im Angstfragebogen für Schüler (AFS) von Wieczerkowski, Nickel, Janowski, Fittkau und Rauer (1981) gibt Lasse eine ausgeprägte Schulunlust an. Prüfungsangst, Manifeste Angst und soziale Erwünschtheit sind unauffällig. Die Einschätzungen im FBB-HKS und FBB-SSV der Eltern und Lehrer untermauern die Diagnose einer Aufmerksamkeitsstörung ohne Hyperaktivität (ICD-10: F98.8) sowie einer Störung des Sozialverhaltens mit oppositionell aufsässigem Verhalten (ICD-10: F91.3).

Zusammenfassende Beurteilung für das Abschlussgespräch: Lasse weist sowohl im Lesen als auch im Schreiben und Rechnen Leistungsdefizite auf, die unterhalb des Prozentrangs 10 angesiedelt sind. Seine Intelligenzstruktur ist (mit Ausnahme einer individuellen Schwäche in der Visuo-Grafomotorik), wie sie bei Kindern mit LRS häufig zu beobachten ist, weitgehend homogen und gut durchschnittlich. Damit besteht eine deutliche Diskrepanz zur Lese-, Rechtschreib- und Rechenleistung von mehr als 1,2 Standardabweichungen. Da bei Lasse sowohl eine LRS als auch eine Rechenstörung vorliegt, wird von kombinierten Störungen schulischer Fertigkeiten gesprochen (ICD-10: F81.3).

Allerdings weist Lasse nach den Ergebnissen der TAP, den Fragebögen und der Verhaltensbeobachtung zusätzlich erhebliche Aufmerksamkeitsdefizite in der Aufmerksamkeitssteuerung auf, wobei keine motorischer Unruhe festgestellt wird. Somit liegt also eine Aufmerksamkeitsstörung ohne Hyperaktivität vor. Hinzu kommt, dass Lasse sich aus-

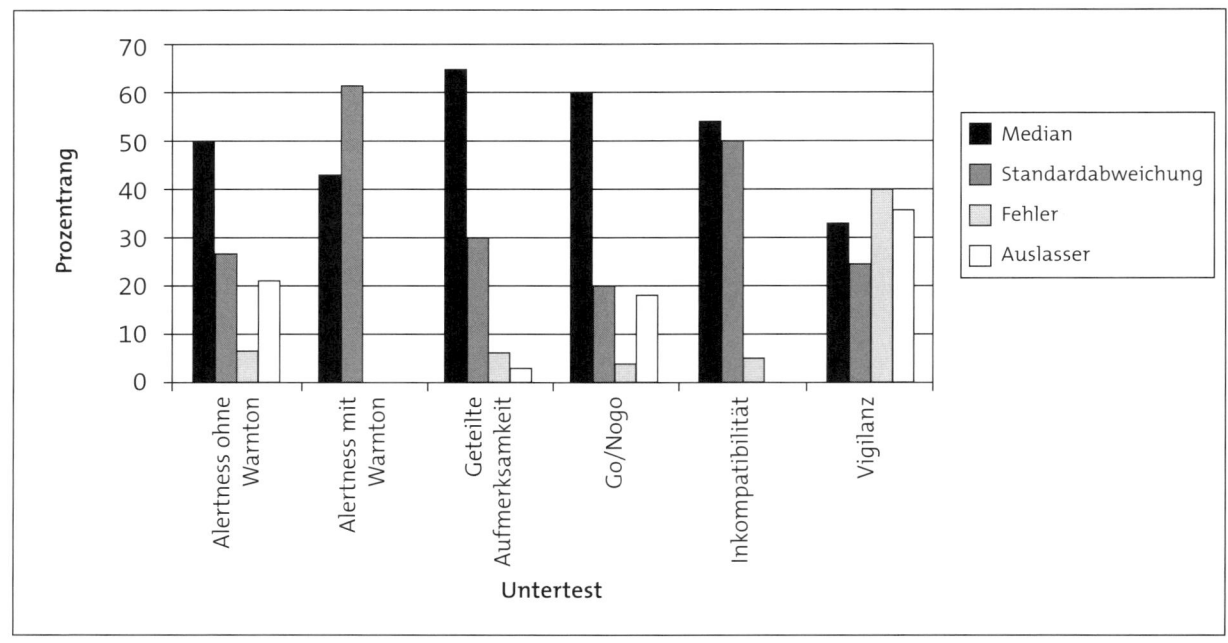

Abbildung 3: Aufmerksamkeitsleistungen (in der TAP) von Lasse

geprägt oppositionell verhält (ICD-10: F91.3). Es kann davon ausgegangen werden, dass zwischen Schulleistungsschwäche und oppositionellem Verhalten eine sehr ungünstige Wechselwirkung besteht.

Als Maßnahmen wurden empfohlen: Kinderverhaltenstherapie, um die Aufmerksamkeitsstörung und das oppositionell-aufsässige Verhalten zu behandeln (45 Therapieeinheiten mit Lasse und 11 Elternsitzungen). Die Kinderverhaltenstherapie gliederte sich in 15 Einheiten Gruppentherapie (Doppelstunden), um die soziale Kompetenz zu verbessern, 15 Stunden Gruppentherapie zur Optimierung der Aufmerksamkeitssteuerung (7,5 Einheiten) und 23 Stunden Einzeltherapie, um die Selbststeuerung und Emotionsregulation zu verbessern.

Außerdem wurde flankierend eine Lerntherapie empfohlen, wobei zunächst die Leseleistung verbessert werden sollte. Im weiteren standen die Rechtschreibleistung und schließlich die Rechenleistung im Mittelpunkt. Bei der LRS-Therapie sollten dabei (wie im Fall Merle) Programme ver-

wendet werden, die auf orthografische Inhalte und soweit möglich die visuelle Modalität fokussieren, da der auditive Kanal – durch die beeinträchtigte Hörwahrnehmung bedingt – als der deutlich schwächere angesehen werden muss.

Als Nachteilsausgleich kann empfohlen werden:
– Aussetzen der Rechtschreib- und Mathematiknote,
– Quotient aus richtig geschriebenen Wörtern und Gesamtanzahl als Leistungsrückmeldung für die Rechtschreibung,
– Quotient aus richtig bearbeiteten Aufgaben und Gesamtanzahl als Leistungsrückmeldung für das Fach Mathematik,
– mehr Bearbeitungszeit bei Lese-, Rechtschreib- und Rechenaufgaben,
– Aufgabenstellungen, die dem spezifischen Leistungsniveau des Kindes entsprechen,
– keine Wertung der Rechtschreibfehler oder Rechenfehler in anderen Fächern,
– in anderen Fächern Aufgabenstellungen vorlesen, damit Lasse mit der Bearbeitung beginnen kann und
– Deutsch- und Mathematikförderunterricht.

3   Therapieansätze

Ansätze zur Behandlung der LRS können im Wesentlichen vier Kategorien zugeordnet werden (vgl. Abb. 4).

Präventive Ansätze möchten in der Regel die Vorläuferfähigkeiten stützen, wie sie etwa mit dem BISC erfassbar sind. Studien (etwa Blaser, Preuss, Groner, Groner & Felder, 2007; Roth, 1999) konnten zeigen, dass sich der Anteil der lese-rechtschreibschwachen Kinder deutlich durch ein vorschulisches Training der phonologischen Bewusstheit und der Buchstaben-Laut-Korrespondenz reduzieren lässt. Ein alleiniges Training der phonologischen Bewusstheit zeigt sich jedoch einem Vorgehen, bei dem zusätzlich systematisch die Buchstaben eingeführt werden, unterlegen (vgl. Klicpera, Schabmann & Gasteiger-Klicpera, 2007). In neueren Ansätzen (etwa „Lobo vom Globo" von Koglin, Fröhlich, Metz & Petermann, 2008) werden die Kinder nicht direkt von den Psychologen trainiert, sondern durch geschulte Eltern direkt gefördert. Als Übungen werden berücksichtigt:
– genaues Zuhören,
– Reimen,
– Silben bilden,
– aus einzelnen Lauten Wörter bilden,
– Wörter in einzelne Laute zerlegen,
– einzelne Laute aus Wörtern heraushören,
– Zuordnung von Buchstaben und Lauten,
– Texte verstehen und
– kleine Dialoge entwickeln.

Erste Evaluationen (Koglin et al., 2008) zeigen signifikante Verbesserungen vor allem für Fünf- und Sechsjährige.

In den ersten beiden Schuljahren steht das *lautgetreue Schreiben* im Vordergrund. Programme, die also auf das lautgetreue Schreiben fokussieren, zielen in der Regel auf das Erreichen eines Schreiberwerbsstadiums dieser Klassenstufen ab. Zwei sehr bekannte Rechtschreibprogramme im deutschsprachigen Raum sind das Förderprogramm von Reuter-Liehr „Lautgetreue Rechtschreibförderung" (2001) und der „Kieler Rechtschreibaufbau" von Dummer-Smoch und Hackethal (1993). Bei Reuter-Liehr wird besonders die Wichtigkeit des silbenweisen Mitsprechens beim Schreiben hervorgehoben. Dabei sind die Rechtschreibübungen nach Schwierigkeitsgrad (Phonemstufen 1–6) systematisiert mit steigendem Schwierigkeitsgrad der Phonem-Grafem-Zuordnung. Der Kieler Rechtschreibaufbau eignet sich für Kinder, die im fortgeschrittenen Grundschulalter noch Probleme beim grundlegenden Rechtschreiberwerb aufweisen. Silbenweises Mitsprechen, Lautgebärden, welche die Phonem-Grafem-Korrespondenz unterstützen sollen, und ein systematisiertes Übungsmaterial bilden die Grundprinzipien des Trainings.

Orthografische Rechtschreibprogramme möchten das regelgeleitete Rechtschreiben verbessern. Es geht somit um Kinder, die sich in der Mitte oder

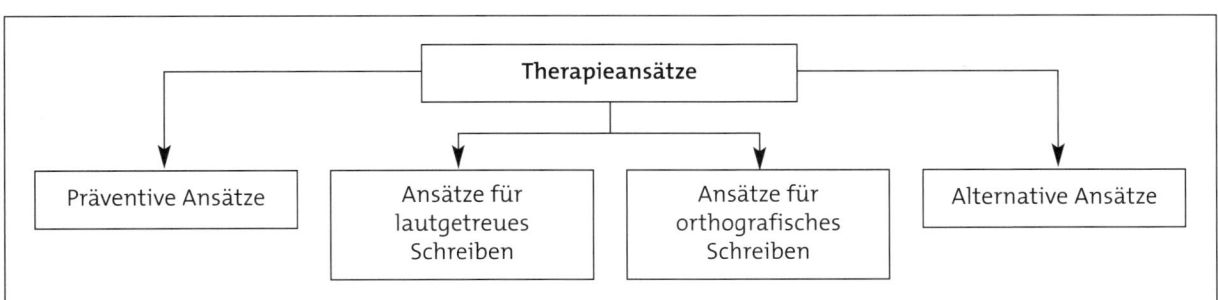

Abbildung 4: Kategorisierung von Therapieansätzen

am Ende der zweiten Klasse oder einem späteren Zeitpunkt ihrer Schullaufbahn befinden. Das Stadium des lautgetreuen Schreibens sollte also bei der Anwendung von orthografischen Rechtschreibprogrammen bereits erreicht sein (Mannhaupt, 1994). Im deutschsprachigen Raum sind bereits einige orthografische Rechtschreibprogramme publiziert worden (etwa Scheerer-Neumann, 1988; Schulte-Körne & Mathwig, 2007). Scheerer-Neumann (1988) wies nach, dass die Verwendung ihres Trainingsprogramms für einen Zeitraum von einem halben Jahr bei zwei Sitzungen à 45 Minuten pro Woche und einer Gruppestärke von drei bis vier Kindern zu einer deutlichen Fehlerreduktion führte (Klicpera et al., 2007).

Schulte-Körne und Mathwig (2007) setzen bei ihrem Trainingsprogramm auf ein verbessertes Einprägen und Abrufen von Rechtschreibregeln. Das Trainingsprogramm vermittelt acht Regeln in zwölf Kapiteln mit Übungen, die zu einer deutlichen Fehlerreduktion führen (vgl. Schulte-Körne & Mathwig, 2001; Schulte-Körne, Deimel & Remschmidt, 2003).

Unter *alternativen Ansätzen* lässt sich eine Fülle von Interventionen zusammenfassen, deren Auswirkung auf die Rechtschreibleistung jedoch meist wenig nachgewiesen ist. Darunter fällt etwa das Ordnungsschwellentraining. Hier ist der Grundgedanke, dass Kinder mit LRS Probleme bei der Lautanalyse haben, weil sie eine Schwäche bei der zeitlichen Auflösung der schnell hintereinander eintreffenden akustischen Informationen aufweisen. Unter einer Ordnungsschwelle wird der zeitliche Abstand zweier Reize verstanden, der mindestens gegeben sein muss, damit der Hörende diese noch in der richtigen Reihenfolge wiedergeben kann. Ordnungsschwellentrainings sollen die bei Kindern mit LRS verlangsamte Verarbeitungsgeschwindigkeit steigern, die Ordnungsschwelle also senken. Nach Berwanger (2006) kann nach Sichtung der vorliegenden Ergebnisse jedoch davon ausgegangen werden, dass diese Trainingsmethode zwar kurzzeitig die Ordnungsschwelle senkt, jedoch ein Nachweis für einen Transfereffekt auf die Lese-Rechtschreibleistung noch nicht erbracht werden konnte. Berwanger (2006) rät daher von einer Verwendung dieser Trainings zur Lese-Rechtschreibförderung ab.

Eine umfangreiche Beschreibung und Überprüfung der Wirksamkeit von alternativen Therapieansätzen findet sich bei von Suchodoletz (2006). Der Autor schlussfolgert, dass die von ihm beschriebenen Ansätze keine oder bestenfalls nur eine geringe Wirkung auf die Lese-Rechtschreibfähigkeit besitzen. Dabei schließt der Autor unter anderem folgende Methoden/Therapien mit ein:
- Davis-Methode,
- Tomatis-Therapie,
- Trainings zur Blicksteuerung,
- Händigkeitstraining,
- sensomotrische Trainings,
- neurolinguistische Programmierung,
- Medikamente und andere Präparate.

Teil II:
Symbolgeleitete-orthografische Trainingsmethode (SOT)

4 Trainingselemente der SOT

Die Symbolgeleitete-orthografische Trainingsmethode bildet ein Vorgehen, das den regelgeleiteten Ansätzen zum Schreiberwerb zugeordnet werden kann. Es richtet sich also an Kinder, die die Ebene des lautgetreuen Schreibens bereits erreicht haben.

Der Rechtschreiberwerb wird bei der SOT als das Erlernen einer Wort-Laut-Regel-Information verstanden. Der Regelinhalt in Form eines Symbols wird bei jedem von dieser Regel betroffenen Wort mitgelernt, um die Regel enger an das jeweilige Wort zu binden. Das leserechtschreibschwache Kind soll demnach beim Abruf des Wortes auch die Regel assoziieren. Natürlich kann nicht erwartet werden, dass ein Kind alle Rechtschreibregeln der deutschen Sprache kennt oder anwendet. Die SOT fokussiert daher ähnlich wie das Marburger Rechtschreibtraining auf diejenigen Rechtschreibregeln, die helfen, die Fehlerzahl erheblich zu mindern.

Die Darbietung des zu lernenden Wortes erfolgt via Blitzworttechnik (Darbietungszeiten zwischen 300 ms und 1.000 ms wählbar) am PC, d. h. über einen Computerbildschirm. Die Blitzworttechnik (Rosenkötter, 1997) und der Computereinsatz (von Suchodoletz, 2006) besitzen einen hohen Aufforderungscharakter und steigern die subjektiv erlebte Stärke des dargebotenen Reizes.

Bei der SOT werden die Rechtschreibregeln als Symbole codiert (siehe Abb. 5). Vor jedem Wort werden diejenigen Regelsymbole für ca. 300 ms eingeblendet, welche die bei dem Wort anzuwendenden Rechtschreibregeln symbolisieren. Anschließend wird das zu schreibende Wort genauso lange dargeboten. Auf diese Weise wird stärker auf die zu lernende Information fokussiert und die Motivation gesteigert, um für die Dauer der Trainingseinheit konzentriert zuarbeiten. Nachdem der Inhalt über den PC-Bildschirm dargeboten wurde, zeichnet bzw. schreibt das Kind das Gesehene (sowohl Regelsymbol als auch Wort) ins Übungsheft, benutzt also nicht die Tastatur. An-

schließend kontrolliert das Kind selbst mit Hilfe der sogenannten Kontrollfolie, ob es das Wort richtig geschrieben hat. (Als „Kontrollfolie" wird auf dem Computerbildschirm gleichzeitig Regelsymbol und Wort dargestellt. Das Kind vergleicht das eigene Geschriebene damit; siehe auch Kapitel 6).

Selbstkontrolle und die klare Trainingsstruktur, während des Trainings am Computer eingeblendete Popup-Token und andere operante Methoden unterstützen die Lernmotivation und erhalten diese aufrecht. Mit Übungsdiktaten oder Aufsätzen zur Leistungskontrolle werden die Lernfortschritte schulnah überprüft. Dabei sollen Wörter in ihrer orthografisch richtigen Form aus dem Gedächtnis abgerufen und aufgeschrieben werden.

Da dem Abruf in der Regel ein auditiver Reiz (Diktat) vorausgeht, muss das Kind lernen, welche orthografisch richtige Schreibweise dieser Lautfolge (Wort) zuzuordnen ist. Ein Großteil der Kinder mit LRS hat aber Probleme bei der Lautanalyse. Bei der SOT wird daher zunächst primär ein visueller Reiz mit der Regel (in Form eines Symbols) kombiniert dargeboten, um sich die richtige Schreibweise einzuprägen. Allerdings muss der dargebotene visuelle Reiz vor dem Aufschreiben in eine Lautfolge (Vorlesen) umgesetzt werden. So wird sicher gestellt, dass auch eine Verknüpfung zwischen Phonem, Grafem und Regel erfolgt und abgespeichert wird.

Zu den *Trainingselementen der SOT* gehört die Therapiepuppe Vico, eine Trainingsmappe, ein Trainingsplan, 16 Regelsymbolkarten, 20 Diktate und 130 Aufsatzaufgaben zur Lernkontrolle, zwei Erfolgsgrafiken zur Feststellung des Lernfortschritts, zwei Gewinnpunktekarten (für 50 und 100 Punkte), soziale und/oder materielle Verstärker, ein computergestütztes Trainingsprogramm (für die Durchführung des Trainings muss ein PC vorhanden sein) sowie Belohnungs-Popups und ein Listeneditor. Die beiden Letzteren sind im Computerprogramm integriert.

Im Zentrum der SOT steht der Einsatz des Computerprogramms, mit dessen Hilfe anhand von sogenannten Listen das systematische Lernen von Regelsymbolen und entsprechenden Wörtern sowie die Kontrolle des geschriebenen Wortes ermöglicht wird. Für das Training kann aus insgesamt 150 Listen gewählt werden, die im Computerprogramm integriert sind. Jede Liste besteht aus 25 Wörtern, denen Regelsymbole zugeordnet sind (eine Übersicht über alle verfügbaren Wortlisten findet sich im Anhang B sowie auf der beiliegenden DVD). Allerdings wird das Computerprogramm nur zur *Darbietung* der Lerninhalte benutzt. Der eigentliche Schreibprozess erfolgt handschriftlich im mitzubringenden Schreibheft, das in der Trainingsmappe aufbewahrt wird.

Das Training sollte immer auch durch einen Therapeuten angeleitet werden, der den Eltern die benötigten Materialien, das Trainingsvorgehen auch für die Übungen zu Hause sowie die Handhabung des computergestützten Trainingsprogramms erläutert. Über das Trainingsprogramm sollten auch die Eltern verfügen (sie sollten dafür die DVD für Eltern (ISBN: 978-3-8017-2293-7) erwerben, auf der nur die Programmdateien gespeichert sind), da so in der Therapiestunde und zu Hause trainiert werden kann.

Als Trainingsumfang hat sich grundsätzlich eine Stunde in der Woche beim Therapeuten sowie an vier Tagen in der Woche (jeweils 15 Minuten) zu Hause bewährt. Allerdings ist die Anzahl der nötigen Therapiestunden in der Woche stark von den familiären Ressourcen und der Ausprägung der Rechtschreibstörung und den Begleiterkrankungen abhängig. In der Praxis hat sich gezeigt, dass je nach Familienstruktur und Ressourcen Übungen komplett nach ein bis zwei Jahren nach Hause abgegeben werden können. Es sollten dann nur noch in größeren Abständen Termine vereinbart werden, um den Lernverlauf und die Lernmotivation zu reflektieren und gegebenenfalls zu intervenieren.

4.1   Vico

Vico, eine Krake, begleitet die Kinder durch das Training und erscheint zudem zusätzlich im Computerprogramm als Identifikationsfigur. (Eine entsprechende Puppe ist unter *www.folkmanis.de* er-

hältlich.) Vico hatte früher auch viele Rechtschreibprobleme, bis er von der Meisterkrake lernte seine vielen Arme einzusetzen. Jeder Arm erinnert Vico nun an zwei Rechtschreibregeln.

Vico kann zum Aufbau einer tragfähigen Patienten-Therapeuten-Beziehung und zum Erläutern von Rechtschreibregeln genutzt werden. Der Therapeut lässt Vico die Rechtschreibregeln erklären. Manchmal, in fortgeschrittenem Trainingsstadium, lenkt Vico die Kinder bei der SOT auch absichtlich ab, um eine schulnahe Lernsituation herzustellen. Die Kinder können dann zusätzlich Punkte gewinnen, wenn sie nicht reagieren.

Die Puppe sollte vom Therapeuten erworben werden, um die Therapie kindgerecht und interessant zu gestalten. Bereits publizierte Therapiemanuale (etwa Jacobs & Petermann, 2008a) haben gezeigt, dass es durch den Einsatz von solchen Puppen als Identifikationsfigur den Kindern besser gelingt, sich auf die Trainingsmethode einzulassen und langfristig motiviert mitzuarbeiten.

4.2   Die Trainingsmappe

Für das Kind sollte eine Trainingsmappe angelegt werden. In die Mappe gehören zwei Schreibhefte mit einer Linienführung, die dem entspricht, was auch in der Schulklasse des Kindes verwendet wird. Außerdem benötigt das Kind einen Schreibstift. Hier sollte das gleiche Exemplar, das in der Schule verwendet wird, extra für die Trainingsmappe erneut angeschafft werden. Die hohe Übereinstimmung des Trainings mit den Schulmaterialien sichert eine möglichst schulnahe Übungssituation und bereitet den Boden für einen guten Transfer aus der Trainingssituation in den Schulalltag.

4.3   Die Regelsymbolkarten

Es wird von 16 Regelsymbolkarten ausgegangen (siehe Abb. 5). Die Symbolkarten sollen eine schnelle Assoziation zwischen Rechtschreibregel und dem zu schreibenden Wort erzeugen. Die Regelsymbolkarten werden daher in der sogenannten Einprägphase (dabei wird beim Üben am Computer im Einprägmodus gearbeitet, vgl. Kapitel 6)

	Groß geschrieben werden Wörter: – vor die man ein „der", „die", „das" setzen kann (etwa „der Lauf"), – die etwas bezeichnen, das man anfassen und/oder sehen kann (etwa „Nase"), – die die Endung -heit, -nis, -ung, -schaft, -tion, oder -keit haben (etwa „Funktion").
	Schnecken sind langsam und stumm: – „h" zur Dehnung folgt auf einen langen Selbstlaut, meist vor l, m, n und r (etwa „lahm") – „h", das häufig nicht mitgesprochen wird, das „h" trennt dabei zwei Selbstlaute (etwa „gehen") – „h", das man nicht hört (etwa „Apotheke")
	– Mitlautverdoppelung macht die Aussprache des Wortes schnell. Zwei Blitze bedeuten: → auf einen kurz gesprochenen Selbstlaut müssen mindestens zwei Mitlaute folgen (etwa „schnell"). – Bei zusammengesetzten Wörtern wird ebenfalls der Doppelblitz gesetzt (etwa „tadel-los"). *In der praktischen Durchführung hat sich die Aufnahme dieser Regel als einfacher erwiesen, als eine Ausnahme zu formulieren.*
	„ck": Nach kurz gesprochenem Selbst- oder Umlaut folgt „ck", verbildlicht in Mond und Zwiebeldach der Moschee (etwa „stecken"), doch nach l, m, n und r erfolgt es nimmermehr.
	„ie" für ein lang gesprochenes „i", verbildlicht als zwei voneinander abgewandte Reihenhäuser, die sich nicht mögen (Igitt-Dächer): → Wird der Vokal „i" lang gesprochen, so folgt ein Dehnungs-e (etwa „siegen). *Die Häuser werden verwendet, um Vertauschungen von „ie" und „ei" zu vermeiden.*

Abbildung 5: Die Regelsymbolkarten der SOT

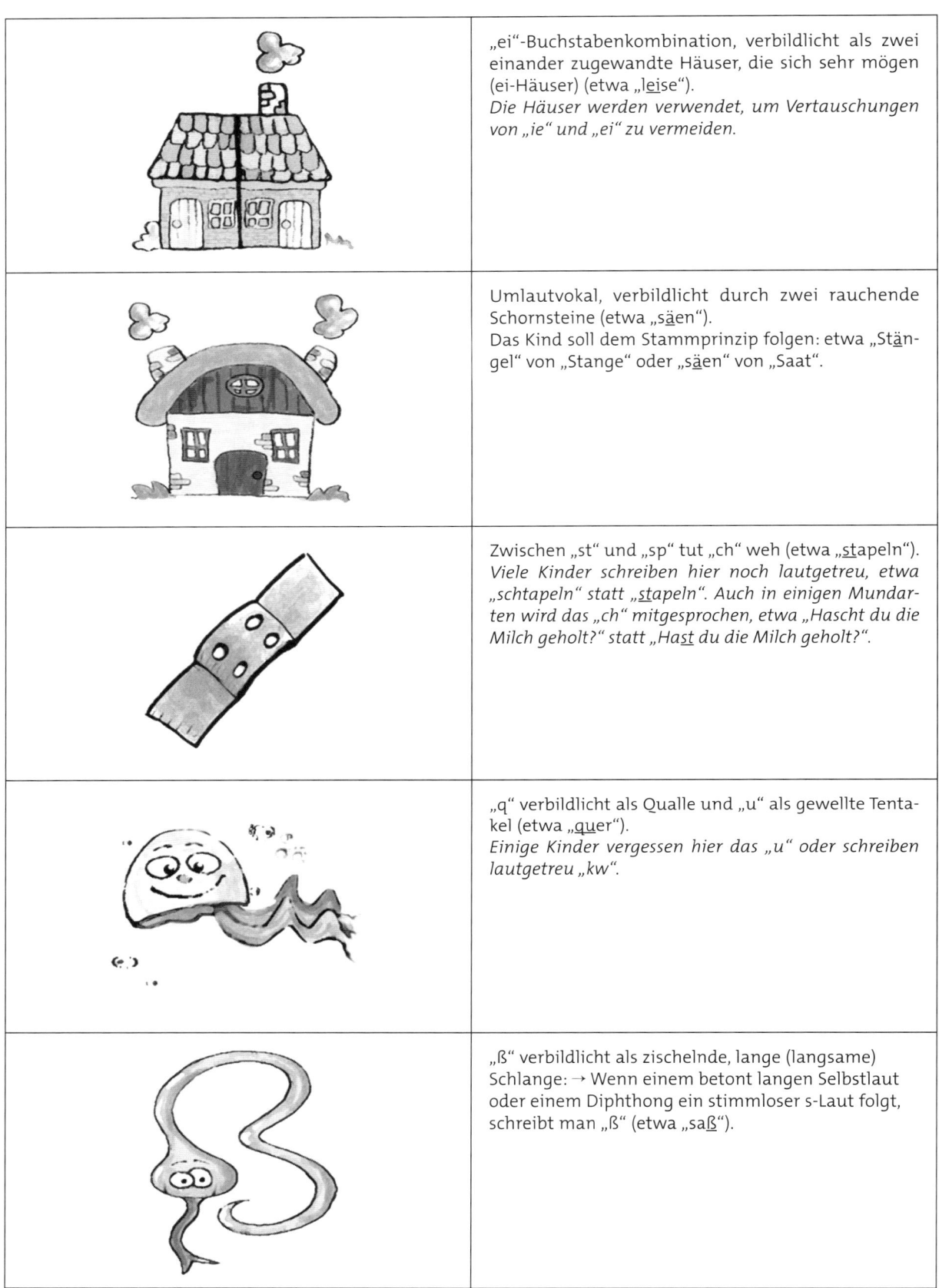

	„ei"-Buchstabenkombination, verbildlicht als zwei einander zugewandte Häuser, die sich sehr mögen (ei-Häuser) (etwa „l<u>ei</u>se"). *Die Häuser werden verwendet, um Vertauschungen von „ie" und „ei" zu vermeiden.*
	Umlautvokal, verbildlicht durch zwei rauchende Schornsteine (etwa „s<u>ä</u>en"). Das Kind soll dem Stammprinzip folgen: etwa „St<u>ä</u>ngel" von „Stange" oder „s<u>ä</u>en" von „Saat".
	Zwischen „st" und „sp" tut „ch" weh (etwa „<u>st</u>apeln"). *Viele Kinder schreiben hier noch lautgetreu, etwa „schtapeln" statt „<u>st</u>apeln". Auch in einigen Mundarten wird das „ch" mitgesprochen, etwa „Hascht du die Milch geholt?" statt „Ha<u>st</u> du die Milch geholt?".*
	„q" verbildlicht als Qualle und „u" als gewellte Tentakel (etwa „<u>qu</u>er"). *Einige Kinder vergessen hier das „u" oder schreiben lautgetreu „kw".*
	„ß" verbildlicht als zischelnde, lange (langsame) Schlange: → Wenn einem betont langen Selbstlaut oder einem Diphthong ein stimmloser s-Laut folgt, schreibt man „ß" (etwa „sa<u>ß</u>").

Abbildung 5: Die Regelsymbolkarten der SOT (Fortsetzung)

	„tz"-Laut, vorstellbar als das Geräusch einer gezünde-ten Raketenlunte: → Im gesprochenen Wort findet sich in der Regel keine Lautunterscheidung zwischen „tz" und „z", trotzdem müssen die Kinder „tz" schreiben lernen (etwa „spi<u>tz</u>").
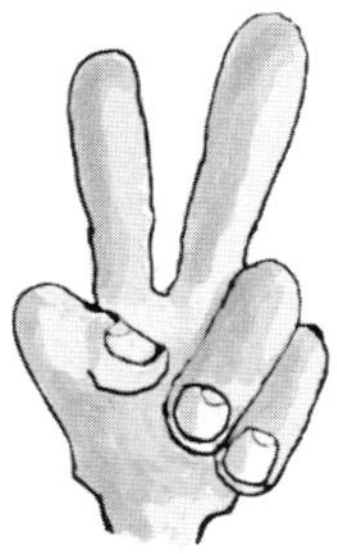	„v" statt „f", erkennbar an den Fingern des Victory-Zeichens: →Hier ist keine Unterscheidung dem Laut nach möglich (etwa „<u>v</u>or").
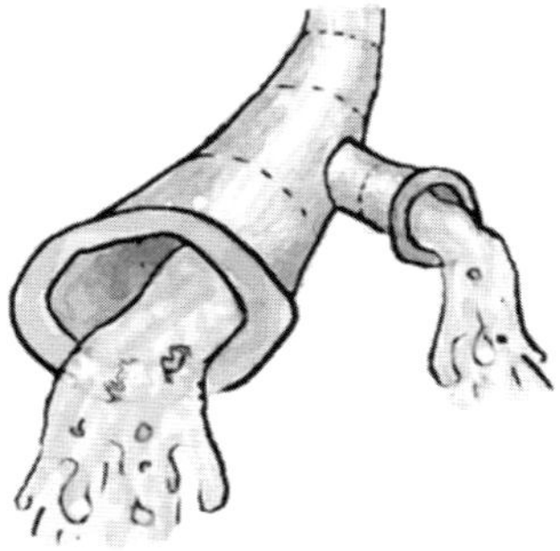	Die Schreibweise am Ende eines Wortes lässt sich durch Bildung einer Ableitung erschließen, also etwa durch Mehrzahlbildung bei Hauptwörtern (etwa „Han<u>d</u>" – „Hän<u>d</u>e"), durch Grundformbildung bei Ver-ben (etwa „fan<u>d</u>" – „fin<u>d</u>en") und durch Steigerung bei Adjektiven (etwa „run<u>d</u>" – „run<u>d</u>er").
	Langer Doppelvokal als langsame Schnecke mit zwei Häusern (etwa „Id<u>ee</u>"). Doppelvokale kommen zwar nur selten vor, sollen aber auch erlernt werden.
	„pf"-Laut, vorstellbar als das Geräusch eines umher fliegenden Luftballons (etwa „<u>pf</u>lanzlich").

Abbildung 5: Die Regelsymbolkarten der SOT (Fortsetzung)

	„ig", verbildlicht als Haus mit einer Tiefgarage und einem Schornstein links (etwa „art<u>ig</u>"). *Hier wäre natürlich auch eine Steigerung (artig – artiger), d. h. eine Ableitung, als Regel denkbar. Allerdings hat sich gezeigt, dass sich die Fehlerzahl schneller reduziert, wenn das ig-Haus als Symbol verwendet wird, da auch der Fehler „ieg" statt „ig" vermindert wird.*
	Bei Wörtern, für die sich keine separate Symbolkarte lohnt, kann diese Merk-Symbolkarte verwendet werden. Schreibt ein Kind etwa das Wort „we<u>ch</u>seln" mit „x" statt mit „ch", dann kann das Symbol „Achtung! Erinnere dich!" (daher Glühbirne) helfen. Auch bei hartnäckig falschen Buchstabenergänzungen (wie etwa „dehn Ball" statt „den Ball") kann dieses Symbol verwendet werden.

Abbildung 5: Die Regelsymbolkarten der SOT (Fortsetzung)

kurz vor dem zu schreibenden Wort eingeblendet. Dabei zielt die SOT keineswegs darauf ab, alle möglichen Regeln abzubilden oder aufzugreifen. So wird etwa nicht jede Regel oder Ausnahme bei dem Regelsymbol zur Groß-Klein-Schreibung mit einbezogen. Es wird vielmehr gezielt eine beschränkte Anzahl von Regeln ausgewählt, die helfen soll, die Rechtschreibfehleranzahl zu reduzieren.

Es ist möglich, im Computerprogramm weitere Regelsymbole oder Wörter mit Hilfe des sogenannten „Listeneditors" hinzuzufügen (vgl. Kapitel 6). Die vorhandenen 150 Listen zeigen für die Wörter jeweils alle Regeln an. In einzelnen Fällen kann natürlich auch auf Symbole verzichtet werden, wenn ein Kind bei dieser Regel fehlerfrei arbeitet. Die Listen können also adaptiert werden, das heißt, dass so die Regelanzahl auf das Nötige reduziert werden kann. In Abbildung 5 werden die Regelsymbole und ihre Bedeutung genauer erläutert.

Auf der zweiten DVD (Materialien) befindet sich eine Vorlage zur Erstellung von Lernkarteikarten, die dann auf der Vorderseite das Regelsymbol zeigt. Auf der Rückseite ist jeweils erläutert, wofür das Symbol steht.

4.4 Diktate zur Lernerfolgskontrolle

Nach jeder Liste erfolgt einmal in der Woche in der Therapiestunde eine kurze Lernerfolgskontrolle, dafür stehen 20 Übungsdiktate (und 130 Aufsatzübungen, vgl. nächstes Kapitel) zur Verfügung.

Als Übungsdiktate befinden sich vorgefertigt auf der DVD (Materialien sowie im Anhang C) 15 Lückentextdiktate und für Fortgeschrittene fünf Fließtextdiktate, die einige der erlernten Wörter noch einmal aufgreifen und in einen Textzusammenhang stellen. Auch hier wird als Rückmeldung der Quotient aus richtig geschriebenen Wörtern im Verhältnis zur Gesamtanzahl angegeben („Richtig-Quotient").

Für die Lernerfolgskontrollen wird im Trainingsverlauf immer auch auf die zuvor gelernten Listen zurückgegriffen (Jede Liste umfasst 25, mit Regel-symbolen verknüpfte Wörter, diese werden mit dem Computerprogramm via Blitzworttechnik dargeboten. Die SOT verfügt über 150 solcher Listen). Hat ein Kind also gerade die Liste 10 zu Hause eingeübt, dann können im Übungsdiktat 10 („Der Zwerg, den es juckte") nicht nur Wörter aus der Liste 10, sondern auch aus den vorherigen Listen enthalten sein. Die Nummerierung der Diktate entspricht dabei den zugehörigen Wortlisten.

Mit steigender Listenzahl vermehrt sich auch die Anzahl der Wörter im Diktat. Wir gehen davon aus, dass häufiges Üben mit der SOT auch die Schreib-geschwindigkeit steigert, so dass dann auch län-gere Diktate zur Lernerfolgskontrolle innerhalb einer Therapieeinheit absolviert werden können.

4.5 Aufsätze zur Lernerfolgs-kontrolle

Vielfach wird von den Eltern und Lehrern beschrie-ben, dass gerade beim Verfassen von eigenen Tex-ten (etwa Aufsätzen) den Kindern deutlich mehr Fehler unterlaufen als beim Diktat. Begründet wird dies meist mit der Annahme, dass die Kinder sich mehr auf den Inhalt konzentrieren und dadurch die Rechtschreibung weniger beachten. Über einige Kinder wird auch berichtet, dass sie ihre Aufsätze absichtlich kurz halten und teilweise sehr lange Pausen machen vor einem Wort. Hier wird vermutet, dass die Kinder versuchen, nur Worte zu verwenden, deren Rechtschreibung sie sicher beherrschen.

Um diesen Problemen zu begegnen, soll mit der SOT etwa ab der 21. Sitzung auch geübt werden, Aufsätze selbst zu formulieren. So soll das Kind etwa zu einem vorgegebenen Thema, beispiels-weise „Vico geht Klettern", eine Geschichte schrei-ben und dabei acht bis elf Wörter aus der aktuell zu lernenden Liste verwenden. Dabei wird meist in der Therapiesitzung begonnen und der Aufsatz zu Hause zu Ende geführt. Die Aufgabenvorgaben befinden sich auf der dem Buch beiliegenden DVD (Materialien). Es gibt insgesamt 130 Aufsatzübun-gen, die für die Listen 21 bis 150 erstellt wurden. Die Nummerierung der Aufsätze stimmt mit der Listennummer jeweils überein.

4.6 Erfolgsgrafik

Nach jeder Übung wird das Ergebnis in die Er-folgsgrafik (s. Anhang F bzw. DVD) eingetragen. Dabei wird ein Quotient gebildet: Die Anzahl rich-tig geschriebener Wörter wird durch die Gesamt-anzahl der geschriebenen Wörter geteilt. Dieser sogenannte Richtig-Quotient wird in die vorge-fertigte Grafik eingetragen (vgl. Abb. 6, S. 42). So kann der Lernfortschritt dem Kind illustriert wer-den. Da das computergestützte Programm mit dem gleichen Richtig-Quotienten in seiner Lern-statistik arbeitet, kann verglichen werden, wie sehr der Richtig-Quotient beim Lernen der Listen von Diktat- oder Aufsatzübungen abweicht. Na-türlich kann in der Erfolgsgrafik auch das Lern-ergebnis der Wortlisten aus den Therapiestunden eingetragen werden, etwa mit einem andersfar-bigen Stift.

4.7 Belohnungs-Popups

Während des Übens mit dem Computerprogramm erscheint nach etwa zehn Wörtern via Zufallsge-nerator ein Belohnungs-Popup (vgl. Abb. 7, S. 43) auf dem Bildschirm. Die Popups verstärken für richtig geschriebene Worte und erhöhen die Trai-ningsmotivation; kurzfristig steigern die Popups auch die Konzentration eines Kindes. Bei sehr leicht ablenkbaren Kindern können die Popups auch ausgeblendet werden.

4.8 Gewinnvertrag (Therapievertrag)

Beim Gewinnvertrag handelt es sich um einen Therapievertrag zwischen Eltern, Kind und The-rapeut. Der Gewinnvertrag enthält folgende As-pekte:
– Hinweise zum Trainingsort: Beim Üben zu Hause sollte eine reizarme Umgebung gewählt wer-den, also ein Tisch, auf dem sich nur der Compu-ter und die Trainingsmappe befindet.
– Die Trainingszeit: Die Trainingszeit sollte mit einem Trainingsplan (vgl. Abb. 8, S. 43 und Vor-lage im Anhang E sowie auf DVD) fest verein-bart und dann strikt eingehalten werden. Wird das Training häufiger von den Eltern verschoben,

Verlaufsprotokoll Rechtschreibquotient

Kind: *Leon*

Beginn: *20. 07. 2009*

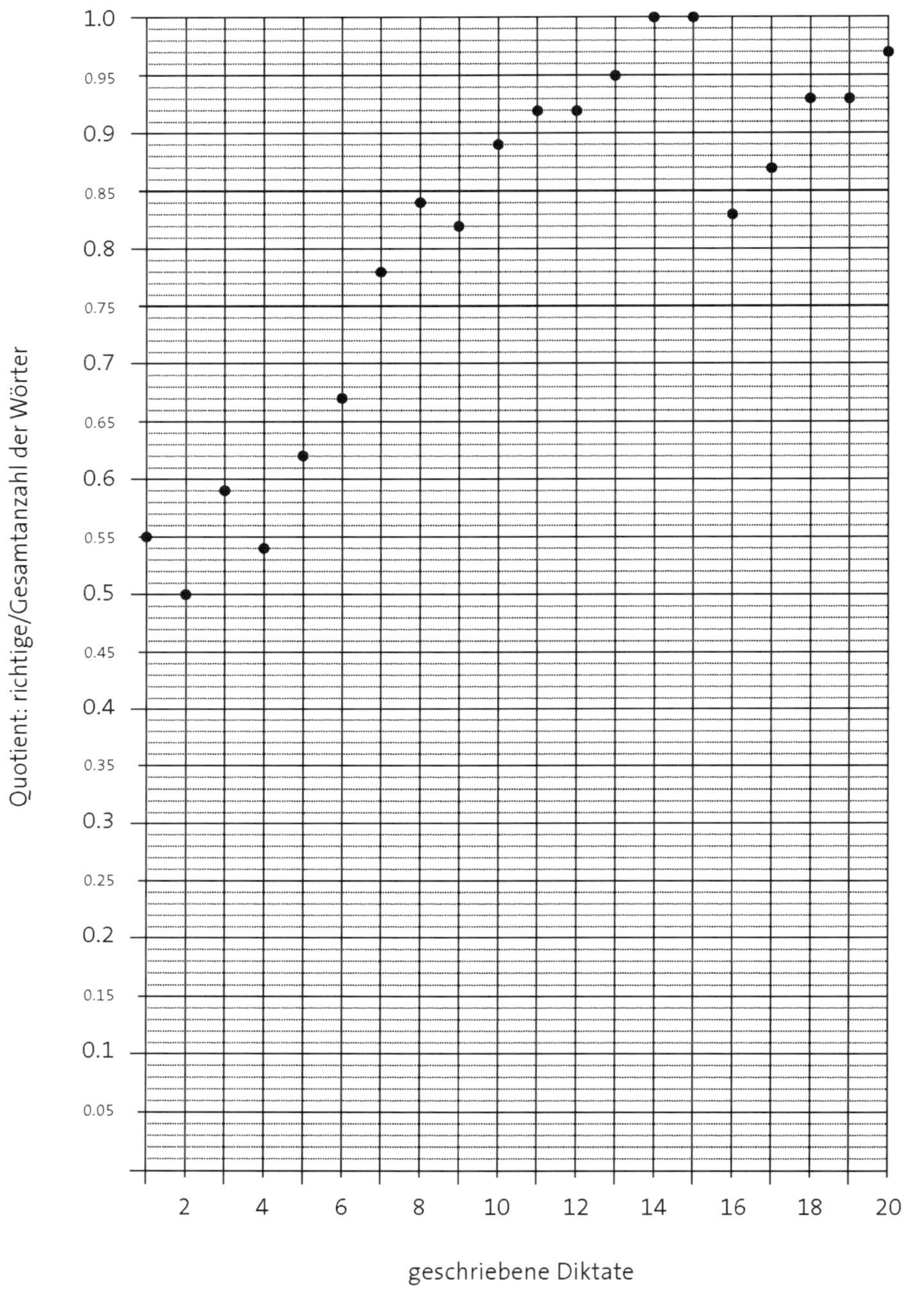

(Diagramm)

Y-Achse: Quotient: richtige/Gesamtanzahl der Wörter

X-Achse: geschriebene Diktate

Abbildung 6: Erfolgsgrafik

Abbildung 7: Drei Beispiele für Belohnungs-Popups

Trainingsplan							
	Montag	Dienstag	Mittwoch	Donnerstag	Freitag	Samstag	Sonntag
8.00–9.00							
9.00–10.00							
10.00–11.00			*Unterricht*				
11.00–12.00							
12.00–13.00						*Freizeit*	
13.00–14.00	*Hausaufgaben*	*Hausaufgaben*	*Hausaufgaben*	*Hausaufgaben*	13.00–15.00 nach der Schule zu Oma		
14.00–15.00	14.00–14.15 SOS	14.00–14.45 Gitarrenunterricht *Freizeit*	14.00–15.00 SOS Therapie	14.00–14.15 SOS			
15.00–16.00	*Freizeit*	15.00–15.15 SOS		*Freizeit*	*Freizeit* 15.15–15.30 SOS		
16.00–17.00	16.00–18.00	*Freizeit*	*Freizeit*	16.00–18.00	*Freizeit*		
17.00–18.00	Fußballtraining			Fußballtraining			

Abbildung 8: Beispiel für Trainingsplan

führt dies schnell zu mangelnder Trainingsmotivation beim Kind. Zum einen wird ihm damit verdeutlicht, dass das Training nicht so wichtig ist, und zum anderen glaubt das Kind dann, das Training hin und wieder auch selbst verschieben zu dürfen. Vielfach resultieren Diskussionen, die einen effektiven Trainingsbeginn verhindern.

– An den Übungen zu Hause nehmen ein Kind und ein Erziehungsberechtigter teil sowie während der Therapiestunden der Therapeut.
– Gewinnmöglichkeiten:
  • Ein Kind kann für eine vereinbarte Anzahl richtig gelesener Wörter jeweils einen Punkt gewinnen; dementsprechend wird mit richtig geschriebenen Wörtern verfahren. Als rich-

Leon**s** Spielzeugkisten**vertrag**

Vico

1. Gewinnchance
Pünktlich am Trainingstisch sein. _Mama_ stellt dafür einen Wecker, der klingelt einmal fünf Minuten vor Beginn und einmal direkt zu Beginn. Pünktlich bedeutet vor dem zweiten Klingeln mit allen Trainingsunterlagen am Tisch zu sitzen (Trainingsmappe, Schreibheft, Stift, USB-Stick). Dafür gibt es einen Punkt.

2. Gewinnchance
Mama ist zu spät. Dafür gibt es einen Punkt.

3. Gewinnchance
Mama vergisst den Wecker zu stellen. Dafür gibt es einen Punkt.

4. Gewinnchance
fünf Wörter richtig geschrieben (Schreibhaken) nach Vorgabe ergeben einen Punkt.

Vorgabe: 1. Nur lesbare Wörter können als richtig gelten.

2. _Leon_ malt erst das Symbol und schreibt dann das Wort. Als richtig wird gewertet, wenn beides da ist.

3. _Leon_ muss das gezeigte Wort vor dem Aufschreiben laut vorlesen. Jedes richtig gelesene Wort wird mit einem Lese-Haken belohnt.

zehn Lese-Haken ergeben einen Punkt.

5. Gewinnchance
Mama darf keine Fehler korrigieren. Tut er/sie es doch, bekommt _Leon_ einen Punkt.

Die gewonnenen Punkte werden auf einer Punktekarte vermerkt. Die Punktekarten können bei _Herrn Jacobs_ (Therapeut/in) gegen _Spielzeuge_ aus der/ dem _Spielzeugkiste_ eingetauscht werden.

Unterschrift: _Leon Schmidt_   _Mama, Papa_   _Dr. Jacobs_

Abbildung 9: Beispiel für einen Gewinnvertrag für das häusliche Üben

tig gilt ein Wort, wenn sowohl die zum Wort gehörenden Symbole alle richtig skizziert werden als auch das Wort korrekt geschrieben wird. Die Gewichtung (etwa 10 richtig gelesene Wörter = 1 Punkt und 5 richtig geschriebene Wörter = 1 Punkt) muss den Fähigkeiten eines Kindes so angepasst werden, dass ein Kind in jedem Fall genug Punkte gewinnt, um Erfolge zu erzielen. Die Punkte werden vom Therapeuten nach Durchsicht des Trainingsheftes bei der nächsten Therapiestunde dem Kind auf seiner Gewinnpunktekarte gutgeschrieben. Volle Gewinnpunktekarten können gegen Belohnungen (materiell und/oder sozial) eingetauscht werden.

- Sitzt das Kind pünktlich am Trainingstisch und hält alle benötigten Materialien bereit, wird ein Punkt auf der Gewinnpunktekarte eingetragen. Auf diese Weise kann ein schneller Trainingsbeginn (ohne viele Aufforderungen) gewährleistet werden. Außerdem hat das Kind bereits einen Punkt erzielt und damit eine Belohnung sicher. In der Folge ist es motivierter bei der Trainingsdurchführung.
- Wenn der Erziehungsberechtigte zu spät kommt, erhält ein Kind einen Punkt auf der Gewinnpunktekarte. Erstens wird damit die Pünktlichkeit eines Kindes unterstützt. Ein Kind kann nur merken, ob der Erziehungsberechtigte zu spät ist, wenn es selber pünktlich war. Zweitens wird die Zuverlässigkeit der Erziehungsberechtigten gefördert und gefordert.
- In der Therapiesitzung erzielte Punkte zählen doppelt, zum einen werden sie auf der Gewinnpunktekarte notiert, zum anderen können sie in Spielminuten am Ende der Sitzung umgetauscht werden.

Abbildung 9 (s. S. 44) zeigt ein Beispiel für einen Gewinnvertrag. Der Vertrag sollte in einfachen Sätzen klar verständlich – aber ohne Schlupfloch für Diskussionen – formuliert sein. Vor allem ältere Kinder und Jugendliche sollten in der ersten Therapiestunde mit den Eltern zusammen aktiv an der Vertragsgestaltung arbeiten, um die Therapiemitarbeit zu verbessern. Eine vorformulierte Version für einen Gewinnvertrag findet sich im Anhang D und auf der Materialien-DVD.

4.9 Gewinnpunktekarte

Auf der Gewinnpunktekarte werden die Gewinnpunkte notiert (Gesichter in die Bläschen malen oder Bläschen ausmalen lassen vom Kind). Abbildung 10 (s. S. 46) zeigt ein Beispiel, wie man eine Gewinnpunktekarte gestalten kann. Im Anhang G und auf der Materialien-DVD finden sich entsprechende Vorlagen. Auf einer Gewinnpunktekarte sollten zwischen 50 und 100 Punkte (je nach Trainingsfortschritt) zu gewinnen sein. Volle Gewinnpunktekarten können gegen materielle und/oder soziale Verstärker eingetauscht werden (vgl. Tab. 6, S. 46). Die Gewinnpunktekarten sollten gesammelt werden und hin und wieder mit dem Kind betrachtet werden. Sie dokumentieren die Anstrengungsbereitschaft und den Lernfortschritt eines Kindes. Einige Kinder möchten gerne die Karten mit nach Hause nehmen, wenn sie sie gegen Belohnungen eingetauscht haben, so sehr haben sie sich damit identifiziert. Gewinnpunktekarten sollten immer in Farbe ausgedruckt werden, da sie so einen höheren Anreiz für Kinder besitzen.

4.10 Materielle und soziale Verstärker

Ein guter Verstärker ist in der Lage, das erwünschte Lernverhalten zu initiieren und aufrechtzuerhalten. Verstärker müssen also nicht „pädagogisch wertvolle" Spielzeuge sein. Tabelle 6 zeigt eine Auflistung von Verstärkern, die häufig von Kindern und Eltern ausgewählt werden. Der Verstärkungswert eines materiellen und sozialen Verstärkers hängt in der Regel davon ab, welche materiellen Güter ein Kind sonst zu erhalten gewohnt ist, bei sozialen Verstärkern, welche „Serviceleistungen" (etwa die Bereitschaft der Mutter, ein Kind mit dem Auto zum Sport zu fahren) und welche Freizeitaktivitäten die Familie üblicherweise unternimmt. In der Regel wird nur das als lohnenswert betrachtet, was deutlich über den bisherigen Rahmen hinausgeht. Wichtig ist, dass für das Training „ausgeschriebene Gewinne" nur noch über das Training erreichbar sind, das heißt nicht etwa als Weihnachts- oder Geburtstagsgeschenk von Oma und Opa.

Abbildung 10: Beispiel für eine Gewinnpunktekarte

Tabelle 6: Beispiele für materielle und/oder soziale Verstärker

Soziale Verstärker	Materielle Verstärker	Soziale und materielle Verstärker
– Loben – Brettspiele – Toben – Basteln – in den Arm nehmen – Vorlesen – Kaspertheater spielen – beim Sport des Kindes zu gucken – Fahrdienste für das Kind übernehmen – auf Spielplatz gehen	– Lego – Playmobil – Eisenbahn – Barbie – Pferde – Computerspiele – Handykosten – Fanartikel – Sammelkarten – Comics – Süßigkeiten	– ins Fußballstadion gehen – Eis essen gehen – Funpark besuchen – gemeinsam Schwimmen gehen – gemeinsam etwas kochen – Kuchen/Plätzchen backen – ins Kino gehen – Badminton spielen – gemeinsam bowlen/kegeln – Theaterbesuch

4.11 DVDs mit Trainingsprogramm und Übungsmaterial

Auf zwei DVDs befinden sich neben dem eigentlichen, zu installierenden computergestütztem Trainingsprogramm SOT eine Fülle von Arbeitsmaterialien:

– Vorlagen für Gewinnverträge.
– Vorlagen für Gewinnpunktekarten: Hier sind verschiedene Ausfertigungen je Punkteanzahl verfügbar.
– Vorlage für Trainingsplan: Im Trainingsplan sollten nicht nur die Trainingszeiten, sondern alle Termine (Schule, Sport, Nachhilfe usw.) eingetragen werden. Das Kind sieht so, wo es über freie Zeiten verfügen kann, und wo feste Termine liegen oder gearbeitet werden muss. Auch Hausaufgabenzeiten sollten eingeplant werden.
– Regelsymbole mit Erläuterung für zu erstellende Lernkarteikarten: Diese Karteikarten werden in der Regel nur bei den ersten Sitzungen angewandt, da dann das Regelwissen ausreichend stabil erworben ist.
– 15 Lückentextdiktate: Die Übungsdiktate dienen der Erfolgskontrolle und dem Einüben der erlernten Wörter innerhalb eines Fließtextes. Auf der Materialien-DVD befinden sich sowohl Diktatvorlagen für den Therapeuten als auch korrespondierende Lückentexte für die Kinder.
– Fünf Fließtextdiktate.
– 130 Aufgaben für Aufsatzübungen: Mit diesen Übungen soll ein Kind sein Rechtschreibwissen auch beim freien Schreiben anwenden und üben.
– 150 Wortlisten à 25 Wörter (insgesamt also 3.750 Wörter), die im Programm für die visuelle und auditive Vorgabe benutzt werden.

Hinweis: Die dem Buch beigelegten DVDs sind für den Therapeuten bestimmt, sie sind nicht zur Weitergabe an die Eltern gedacht. Für die Durchführung des Trainings durch die Eltern ist eine Ergänzungs-DVD (ISBN: 978-3-8017-2293-7) erhältlich, auf welcher ausschließlich die Programmdateien der SOT (ohne Zusatzmaterialien) gespeichert sind.

4.12 PC und USB-Stick

Für die Durchführung der SOT wird ein PC benötigt. Mindestens folgende Systemanforderungen sollten erfüllt sein:

– Prozessor: mindestens 1.500 MHz, z. B. Intel® Pentium® 4 oder höher
– Betriebssystem: Microsoft Windows® XP mit Service Pack 3 (32 bit) oder VISTA,
– Arbeitsspeicher: mindestens ein Gigabyte,
– Verfügbarer Festplattenspeicher: 200 MB,
– Bildschirmauflösung mind. 800 × 600 Pixel (Grafikkarte SVGA),
– Multi-Media-Komponente: DirectX 9.0c oder höher (Microsoft Windows®-Tool),
– DirectX 9.0c kompatible Soundkarte,
– Microsoft .NET Framework 2.0 oder höher,
– Lautsprecher,
– DVD-Laufwerk,
– USB-Schnittstelle

Ein USB-Stick wird benötigt, um den aktuellen Trainingsstand vom PC in der Therapie zum PC nach Hause und zurück zu transportieren. Eine genaue Beschreibung findet sich unter Punkt 5.3.

4.13 Listeneditor

Der Listeneditor (eine im Computerprogramm enthaltene Funktion) ermöglicht es, eigene Wortlisten zusammenzustellen. Es können aber auch neue Wörter eingegeben werden und mit den Regelsymbolen verknüpft werden. Des Weiteren können bestehende Listen verändert werden, wenn etwa ein Regelsymbol nicht benötigt wird, weil ein Kind diese Regel so gut beherrscht, dass es nicht zu Fehlern kommt. Die genaue Verwendung des Listeneditors wird unter Kapitel 6.12 beschrieben.

5 Therapie

5.1 Therapiephasen

Der Therapieverlauf gliedert sich in mehrere Phasen. In Phase I muss eine stabile und tragfähige Patienten-Therapeuten-Beziehung aufgebaut werden. Phase II beinhaltet die Trainingsvorbereitung, dazu gehören das Festlegen der Trainingszeiten, der Gewinnvertrag und das Finden von geeigneten Verstärkern. In Phase III beginnt das eigentliche Training mit dem Erlernen der Regelsymbolkarten beim Schreiben der Wortlisten. Beim computergestützten Training wird im *Einprägmodus* (vgl. Kapitel 6) gearbeitet, d. h. am Computer werden zuerst die Regelsymbole dargestellt und vom Kind skizziert, dann erfolgt die Wortdarbietung. Nachdem das Kind geschrieben hat, wird am Computer die Kontrollfolie zur Selbstkontrolle angezeigt. In Phase IV stehen das Erlernen neuer Wörter und das Erhöhen der Geschwindigkeit im Vordergrund. In Phase V kommt beim Training am Computer der *Abrufmodus* zum Einsatz (vgl. Kapitel 6). Einem Kind wird dabei zuerst ein bestimmtes Wort dargeboten, es muss dann die Regelsymbole skizzieren und dann das Wort schreiben. Anschließend wird zur Selbstkontrolle am Bildschirm die Kontrollfolie dargeboten. In Phase VI erfolgt das auditive Einprägen und in Phase VII das auditive Abrufen. Natürlich können einige Phasen verkürzt oder in ihrer Abfolge vertauscht werden, je nach Schwerpunkt des Therapiebedarfs. In allen Therapiephasen werden auch weitere Übungen angewandt, etwa in Form von Diktaten und Aufsätzen (siehe Anhang C und Materialien-DVD).

5.2 Therapieverlauf

Phase I. Zu Beginn der Therapie sollte eine stabile, tragfähige Beziehung zum Therapeuten aufgebaut werden. Der Therapeut kann diese Zeit nutzen, um Lieblingsspiele eines Kindes kennenzulernen, die dann später als Verstärker in der Spielzeit der Therapiesitzungen eingesetzt werden können. Der geglückte Beziehungsaufbau erhöht die Trainingsmotivation und trägt dazu bei, das Lernverhalten langfristig zu stabilisieren.

Phase II. Im weiteren Verlauf wird mit den Eltern und dem Kind besprochen, was Merkmale einer Rechtschreibstörung sind, durch was sie verursacht ist und auch, was man dagegen tun kann. Dabei sieht das Störungsmodell vor, dass durch gezielte Übungen die Rechtschreibfehlerzahl reduziert werden kann. Mit Eltern und Kind wird besprochen, wie häufig in der Woche geübt werden sollte. Dafür wird ein Trainingswochenplan (Vorlagen finden sich auf der DVD und im Anhang E) festgelegt. In diesen Trainingswochenplan soll das Kind nicht nur die Trainingszeiten, sondern auch andere Verpflichtungen wie Schule, Gitarrenunterricht, Fußballtraining etc. eintragen. Dadurch wird gewährleistet, dass das Kind die Trainingszeit nicht anders verplant und die Trainingszeiten nicht mit anderen festen Freizeitterminen kollidieren. Außerdem wird dem Kind verdeutlicht, dass es trotz der Trainingszeit immer über ausreichend Freizeit verfügt. Mit den Eltern muss besprochen werden, dass das strikte Einhalten des Trainingsplans für einen guten Therapieerfolg zentral von Bedeutung ist. Wird die Trainingszeit häufig verschoben, verdeutlicht diese Tatsache dem Kind, dass Rechtschreiberwerb nicht so wichtig ist. Eine allzu „flexible Regelung" seitens der Eltern führt dazu, dass das Kind diskutiert, ob heute überhaupt geübt werden muss oder nicht. Die Eltern sind Vorbild für Zuverlässigkeit beim Lernen.

In einer weiteren Sitzung wird mit dem Kind eine Gewinnliste erarbeitet. Das Kind soll Dinge aufschreiben, die es gerne hätte. Dann wird ein Gewinnvertrag (Trainingsvertrag) zwischen Eltern, Kind und dem Therapeuten geschlossen, den alle unterschreiben. Erst wenn der Trainingsplan und die Gewinnmöglichkeiten festgelegt sind, wird der Trainingsablauf für zu Hause besprochen.

Weiterhin weist der Therapeut die Eltern in die Handhabung des computergestützten Trainingsprogramms ein, welche ausführlich in Kapitel 6 (siehe vor allem Kasten 2 und 3) erläutert ist. Das Computerprogramm SOT sollte sowohl beim Therapeuten (mit Hilfe der dem Buch beiliegenden DVD) installiert werden als auch zu Hause bei den Eltern. Zur Installation benötigen die Eltern die „DVD für Eltern" (ISBN: 978-3-8017-2293-7), auf der alle benötigten Programmdateien (jedoch nicht die Zusatzmaterialien) gespeichert sind. Zu Beginn des Trainings sollte das Programm im Einprägmodus (visuelle Darbietung) durchgeführt werden.

Phase III. Für das Training zu Hause setzen sich Kind und ein Elternteil zur vereinbarten Zeit an den Trainingstisch. Die Aufgabe des Kindes ist es, mit dem Computer das Trainingsprogramm für die vereinbarte Trainingsdauer durchzuführen. Die Aufgabe des Elternteils ist es, das Kind durch Lob zu motivieren und die Trainingsuhren zu stellen. Eine Trainingsuhr zeigt fünf Minuten vor Trainingsbeginn als Hinweis an: Gleich geht es los. Eine weitere Trainingsuhr steht auf dem Trainingstisch und ist auf Trainingsbeginn eingestellt. Sitzt das Kind vor dem Klingeln dieser Uhr am Trainingstisch, erhält es bereits einen Punkt auf der Gewinnpunktekarte. Nun muss der Elternteil die Uhr auf die Trainingsdauer einstellen. Beim Klingeln gilt das Training als beendet, das heißt, es darf nicht weitergeschrieben werden.

Für die Dauer des Trainings sitzt der Elternteil mit am Tisch und beobachtet interessiert das Kind beim Training. Das Elternteil soll sich in keinem Fall mit etwas anderem beschäftigen, sondern seine volle Aufmerksamkeit dem Kind widmen. Diese Zuwendung erhöht die Trainingsmotivation und wirkt belohnend auf das Kind. Dabei ist es dem Elternteil ausdrücklich nicht erlaubt, auf Fehler hinzuweisen. Sollte dies der Elternteil doch tun, erhält das Kind einen Punkt auf seiner Gewinnpunktekarte. Nur wenn das Kind das Programm nicht richtig benutzt (etwa von der auf dem Bildschirm eingeblendeten Kontrollfolie (vgl. Kapitel 6) abschreibt), ist der Hinweis erlaubt: „Du machst das Training nicht wie vereinbart!" Das Übungsheft, in das das Kind schreibt, wird später vom Therapeuten durchgeschaut. Der Therapeut korrigiert dann auch übersehene Fehler. Die Eltern sollen dies nicht tun, da auf diese Weise das Eltern-Kind-Verhältnis in der Lernsituation weniger

belastet wird; die Kinder müssen sich in diesem Fall auf ihre eigenen Korrekturfähigkeiten verlassen. Die Anzahl der vom Therapeuten ermittelten richtig geschriebenen Wörter wird entsprechend dem Gewinnvertrag (etwa fünf richtig geschriebene Wörter gleich ein Punkt auf der Gewinnpunktekarte) in Punkte umgerechnet und auf der Gewinnpunktekarte vermerkt. Am Ende der Trainingseinheit wird der derzeitige Trainingsstand vom Computer auf den USB-Stick übertragen, um an dieser Stelle in der Therapiesitzung weiterarbeiten zu können.

5.3 Ablauf der Therapiesitzungen

Phase III. Eine Therapiesitzung umfasst 50 Minuten und findet einmal wöchentlich statt. Sie unterteilt sich in Arbeits- und Spielzeit. Der Anteil der Spielzeit hängt von der Anzahl der Gewinnpunkte ab, die das Kind in der Stunde erzielt. Für jeden Gewinnpunkt kann das Kind eine Minute Spielzeit gewinnen.

Zu Beginn der Therapie wird entweder ein Übungsdiktat oder eine Aufsatzübung durchgeführt, entsprechende Materialien finden sich auf der DVD und im Anhang C. Dieser Abschnitt der Therapiesitzung sollte etwa 20 Minuten andauern. Bei fortgeschrittenen Kindern kann eine Sitzung auch mal nur ein Diktat oder einen Aufsatz beinhalten; in solchen Fällen sind die längeren Texte zu verwenden. Diktate liegen als Lückentext oder Fließtext vor. Zu Beginn sollte mit dem Lückentext und später dann mit den Fließtexten gearbeitet werden. Die Diktate enthalten Wörter der Listen, die bisher auch zu Hause geübt wurden. Ist das Diktat beendet, soll das Kind den Text zunächst selbstständig korrigieren (mit dem Rückwärtstrick). Bei diesem Vorgehen wird der Text Wort für Wort von hinten nach vorne durchgesehen. Dann soll das Kind den Text noch einmal von vorne nach hinten korrigierend lesen; danach überprüft der Therapeut den Text. Für den Quotienten aus richtig geschriebenen Wörtern durch Gesamtanzahl der geschriebenen Wörter (Richtig-Quotient) werden anschließend Gewinnpunkte vergeben.

Wie viele Gewinnpunkte für welchen Richtig-Quotienten vergeben werden, muss vorher mit dem

Kind besprochen und seinem Leistungsvermögen angepasst werden. Bei den Aufsatzübungen erhält das Kind ein Thema und es werden ihm sieben bis elf Wörter vorgegeben, die bereits zu Hause in den Listen vorgekommen sind. Das Kind soll nun einen Text selbstständig generieren. Die Bewertung erfolgt gemäß dem für die Diktatübungen erläuterten Richtig-Quotienten. Im Anschluss übt das Kind solange mit der SOT am Computer, bis die Gewinnpunkte so hoch sind, dass sie die Restzeit der Sitzung abdecken. Während dieser Zeit schaut der Therapeut schnell die zu Hause geschriebenen Wörter durch und ermittelt die Gewinnpunkteanzahl. Diese Gewinnpunkte zählen nicht für die Spielzeit.

Zu Beginn der Therapie lässt sich der Therapeut immer wieder die Regelsymbole vom Kind erklären; dabei können auch die Regelsymbol Lernkarteikarten verwendet werden (siehe Abb. 5 und DVD). Nach der Übung mit der SOT teilt der Therapeut dem Kind die Gewinnpunkteanzahl mit, die es im Training zu Hause erzielt hat. Dann erfolgt die Spielzeit.

Phase IV. Das Kind kennt nun alle Regelsymbole sicher. Nun geht es darum, das fehlerfreie Schreiben von einer Vielzahl von Wörtern zu erlernen und die Schreibgeschwindigkeit zu erhöhen. Dabei wird auf das Erlernen einer stabilen Assoziation zwischen Laut, Regel und Grafem gesetzt.

Phase V. Der Patient hat eine stabile Laut-, Regel- und Grafem-Assoziation aufgebaut. Nun wird der Darbietungsablauf verändert um diese Assoziationen unter Abrufbedingungen (Ich lese ein Wort, welches Regelsymbol hilft mir bei der Schreibweise?) weiter zu verfestigen und die Abrufgeschwindigkeit zu erhöhen.

Phase VI und VII. Diese Schritte unterscheiden sich von Phase IV und V dadurch, dass nun statt der visuellen eine auditive Darbietung erfolgt. Wann in welche Phase gewechselt werden muss, ist vom Ausprägungsgrad der Rechtschreibstörung, den Begleiterkrankungen, dem individuellen Lernfort-

schritt sowie den familiären und schulischen Ressourcen abhängig und sollte fachgerecht durch den Therapeuten vorgegeben werden.

5.4 Hinweise zum Erlernen der Regelsymbolkarten und zur Listenauswahl

Für den Erfolg des Trainings ist ein vertrauensvolles Verhältnis zwischen Kind und Therapeut unabdingbar. Oftmals definieren sich die Kinder über ihre Rechtschreibschwierigkeiten und so fällt es ihnen anfangs häufig schwer, sich der Situation und dem Training offen zuzuwenden. Daher empfiehlt sich ein entsprechender Vertrauensaufbau.

In unserer klinischen Arbeit hat es sich als erfolgreich erwiesen, bereits hier auch die ansprechend gestalteten Regelkarten zu benutzen. Auf spielerische Art und Weise (etwa als Regel-Symbol-Memory) können dem Kind so schon in der ersten Sitzung die Symbole und ihre Bedeutung nahe gebracht werden. Das erste teilweise Auswendiglernen kann dann als Hausaufgabe erfolgen, wobei ein prüfungsähnliches Abfragen zum nächsten Termin vermieden werden sollte. Vielmehr sollte dies erneut unterstützend erfolgen. Die Festigung des Erlernten erfolgt dann zügig über das praktische Üben mit dem Computerprogramm SOT (im Einprägmodus).

Hierbei wird immer mit der ersten Liste begonnen, d. h. beim Starten einer Sitzung (vgl. Kapitel 6.6) am Computer wird am Anfang des Trainings immer Liste 1 eingestellt. Dies führt zu direkten Erfolgserlebnissen, was sich deutlich positiv auf das Selbsterleben des Kindes und damit auf seine Beziehung zum Therapeuten auswirkt. Sollte im weiteren Trainingsverlauf eine klare Unterforderung des Kindes erkennbar sein – das Kind macht keine Fehler und äußert Langeweile – können natürlich auch einige Listen übersprungen werden. Zunächst einmal steht jedoch das Lernen und schrittweise automatisierte Erfassen des Regel-Symbol-Zusammenhangs im Vordergrund.

6 Bedienung des Programms und Trainingsablauf

6.1 Systemvoraussetzungen

Die Bedienung des Programms erklärt sich aufgrund der Windowsoberfläche weitgehend selbst, dennoch werden die einzelnen Schritte im Folgenden genau beschrieben.

Für das Programm sollte ihr Computer folgende Systemvoraussetzungen erfüllen:
- Prozessor: mindestens 1.500 MHz, z. B. Intel® Pentium® 4 oder höher
- Betriebssystem: Microsoft Windows® XP mit Service Pack 3 (32 bit) oder VISTA,
- Arbeitsspeicher: mindestens ein Gigabyte,
- Verfügbarer Festplattenspeicher: 200 MB,
- Bildschirmauflösung mind. 800 × 600 Pixel (Grafikkarte SVGA),
- Multi-Media-Komponente: DirectX 9.0c oder höher (Microsoft Windows®-Tool),
- DirectX 9.0c kompatible Soundkarte,
- Microsoft .NET Framework 2.0 oder höher,
- Lautsprecher,
- DVD-Laufwerk,
- USB-Schnittstelle

Sollte auf Ihrem Rechner die Microsoft-Ergänzungssoftware Microsoft .NET Framework 2.0 oder höher nicht vorliegen (eigentlich ist dies Bestandteil des Windows XP Service Pack 3 von Microsoft), ist eine Installation der SOT nicht möglich. Allerdings kann Microsoft .NET Framework 2.0 sofort installiert werden: und zwar kostenlos über das Internet über das Downloadcenter von Microsoft (*http://www.microsoft.com/downloads*), von wo gegebenenfalls auch Aktualisierungen der Ergänzungssoftware heruntergeladen werden können. Anschließend kann dann die Installation der SOT erfolgen.

Möchten Sie die SOT erneut installieren, deinstallieren Sie bitte zunächst die Vorgängerversion.

6.2 Installation und Programmstart

Nehmen Sie die DVD mit der Software aus der Hülle am Ende des Handbuches und legen Sie sie in das DVD-Laufwerk Ihres Computers. Sollten Sie nicht automatisch das in Abbildung 11 (s. S. 52) gezeigte Fenster erhalten, gehen Sie bitte auf Ihr DVD-Laufwerk (durch Klick mit der linken Maustaste auf Arbeitsplatz und dann auf Ihr DVD-Laufwerk) und rufen Sie die ausführbare Datei „setup.exe" auf, die sich im Hauptverzeichnis der DVD befindet.

Per Klick mit der linken Maustaste auf „setup.exe" öffnen Sie den Installationsassistenten (vgl. Abb. 12, s. S. 52), der Sie durch die Installation der SOT begleitet. Klicken Sie mit der linken Maustaste auf „Weiter", um die Installation fortzusetzen.

Die Installationsroutine wird gestartet. Bitte lesen Sie die Lizenzverträge von Microsoft sowie vom Hogrefe Verlag (Apparatezentrum) aufmerksam durch. Stimmen Sie durch Klick auf den entsprechenden Button jeweils den Vertragsbedingungen zu, wenn Sie mit diesen einverstanden sind.

Im folgenden Schritt können Sie ein Zielverzeichnis festlegen, in dem die Programmdateien der SOT installiert werden sollen (vgl. Abb. 13, s. S. 53). Wir empfehlen, den vorgegebenen Pfad (C:\Programme\Hogrefe Verlag\SOT) beizubehalten. Durch Klicken mit der linken Maustaste auf „Durchsuchen" können Sie jedoch auch nach einem eigenen Pfad/Ordner auf Ihrem Computer suchen.

Außerdem können Sie auswählen, ob das Programm für alle Nutzer Ihres PCs zugänglich sein soll oder nur für den aktuellen Nutzer. Abschließend klicken Sie mit der linken Maustaste auf „Weiter", um die Installation fortzusetzen. Die SOT wird nun auf Ihrem Computer installiert (vgl. Abb. 14, s. S. 53).

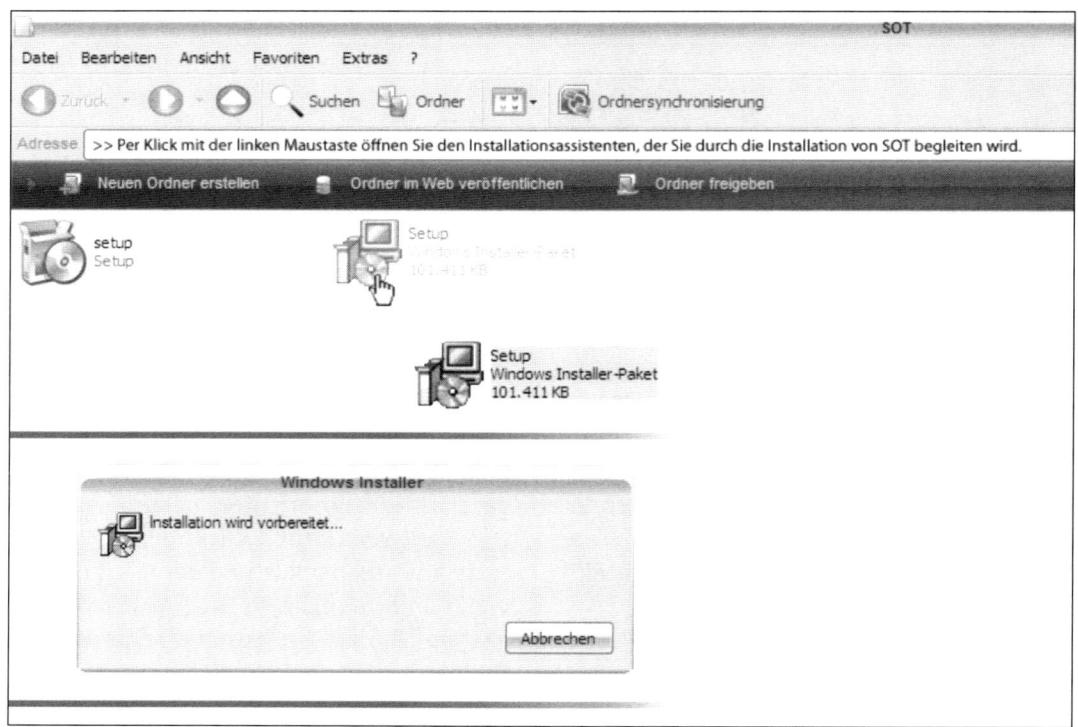

Abbildung 11: Installationsschritt 1

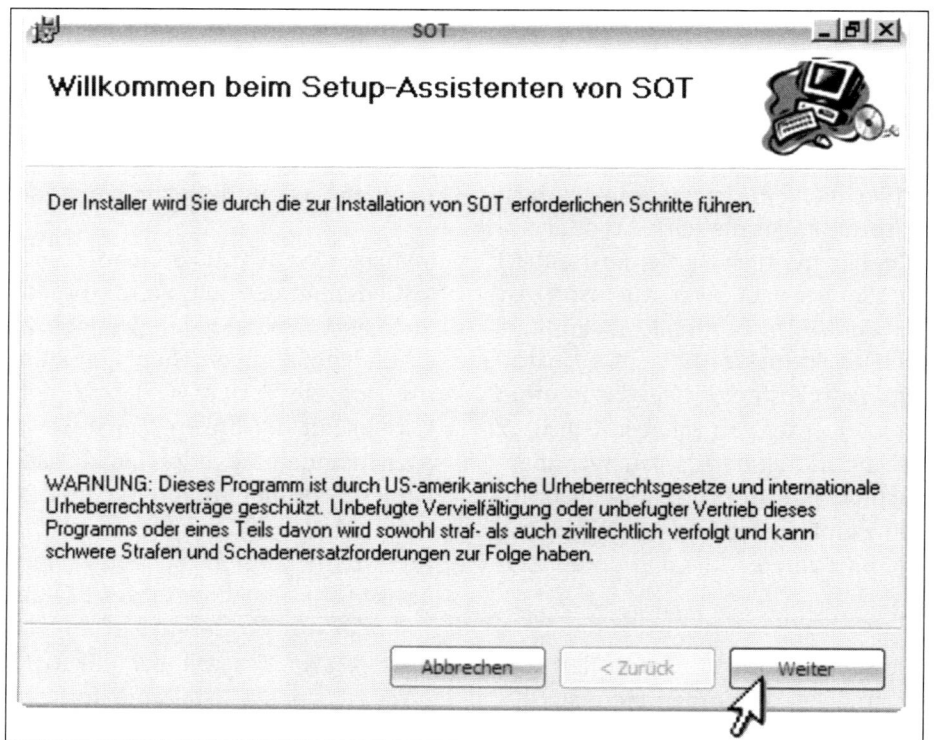

Abbildung 12: Installationsschritt 2

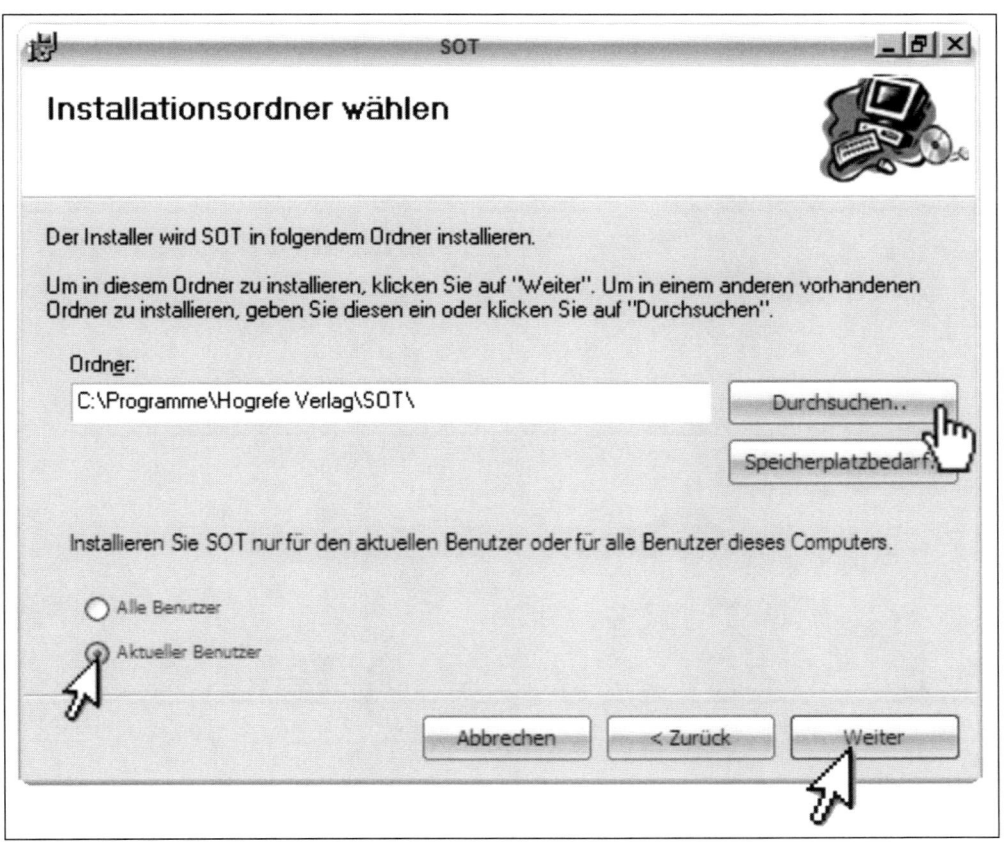

Abbildung 13: Installationsschritt 3

Abbildung 14: Installationsschritt 4

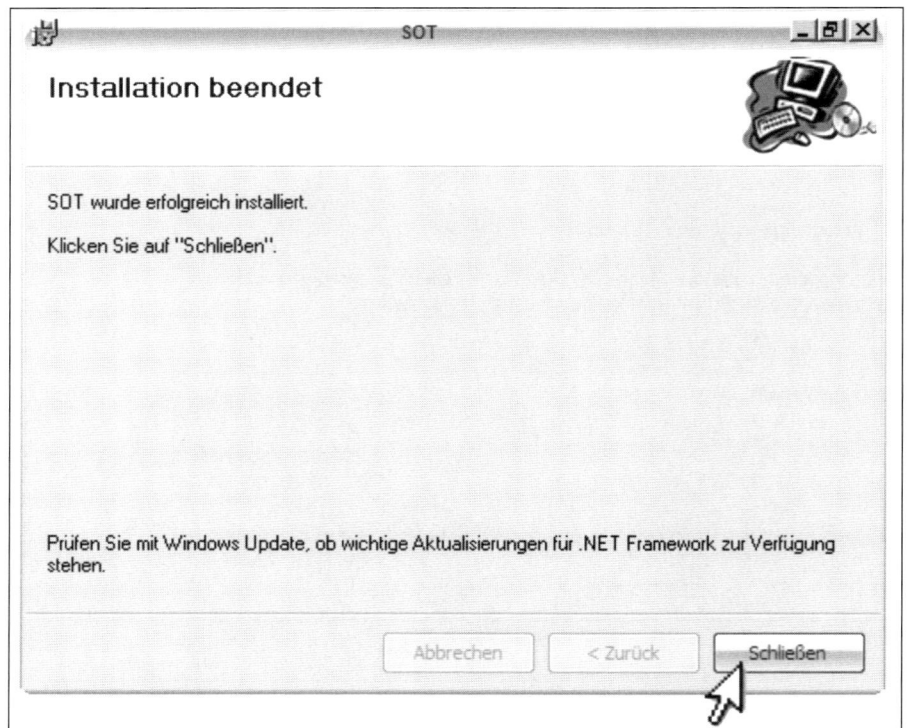

Abbildung 15: Installationsschritt 5

Abbildung 16:
Programmsymbol
Vico

Die erfolgreiche Installation wird über den Bildschirm zurückgemeldet (vgl. Abb. 15). Klicken Sie mit der linken Maustaste auf „Schließen", um das Fenster zu schließen. Das Programm SOT ist nun auf Ihrem PC einsatzfähig.

Auf dem Desktop finden Sie nach der erfolgreichen Installation jetzt das Programmsymbol der SOT: Vico (vgl. Abb. 16).

Bitte überprüfen Sie abschließend, ob die Lautsprecher an Ihrem Computer eingeschaltet sind und die Lautstärke richtig eingestellt ist (Lautsprecher-Symbol in der Task-Leiste unten rechts). Je nach gewähltem Modus bietet das Programm die Wortlisten auditiv oder visuell dar. Die auditive Darbietung ist nur bei eingeschaltetem Lautsprecher zu hören.

Durch Doppelklick auf das Programmsymbol Vico wird das Programm gestartet. Sie sollten nun zunächst einen neuen Lehrling (Patienten) erstellen. Als Lehrling wird das Lernkonto des einzelnen Patienten bezeichnet, hier ist sein individueller Trai-

ningsstand gespeichert. So kann mit jedem Patienten die Therapie von dem Punkt fortgesetzt werden, an dem er zuletzt war.

6.3 Einrichten eines neuen Patienten

Per Mausklick (linke Maustaste) auf das Feld Lehrling in der Taskleiste oben auf dem Bildschirm erhalten Sie ein Pulldown-Menü (vgl. Abb. 17). Wählen Sie „Neuer Lehrling" durch Klicken mit der linken Maustaste aus.

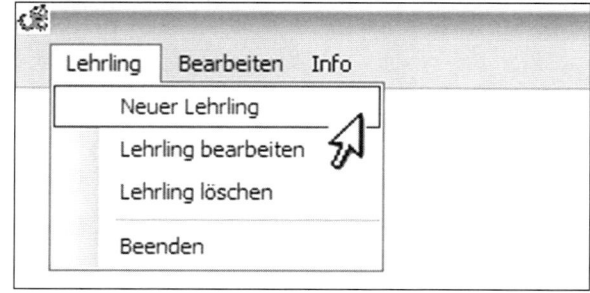

Abbildung 17: Neuen Lehrling einrichten

Tragen Sie nun im folgenden Fenster den Vornamen, Namen, das Geburtsdatum sowie das Geschlecht ein. Die Angaben zu Adresse, Telefon- und Handynummer sowie zur E-Mail-Adresse sind optional und können gegebenenfalls frei gelassen werden. Klicken Sie nach Eingabe aller Daten mit der linken Maustaste auf das Feld OK. Es folgt das Fenster „Sitzung starten". Wollen Sie keine Sitzung starten, klicken Sie auf das Kreuz rechts oben auf der Taskleiste des Fensters „Sitzung starten", welches sich daraufhin schließt.

6.4 Bearbeiten der Stammdaten eines Patienten

Sollen die Stammdaten eines Patienten verändert werden (z. B. bei Umzug), markieren Sie zunächst das entsprechende Lehrlings-Symbol durch Anklicken mit der linken Maustaste. Dann klicken Sie mit der linken Maustaste auf das Feld „Lehrling" in der Taskleiste und wählen aus dem erscheinenden Pulldown-Menü das Feld „Lehrling bearbeiten" durch Klicken auf die linke Maustaste (vgl. Abb. 18). Im darauf folgenden Fenster (vgl. Abb. 19) können Sie die Stammdaten ändern. Schließen Sie Ihre Änderung durch Klicken mit der linken Maustaste auf das Feld OK ab.

6.5 Löschen eines Patienten

Zum Löschen eines Patienten wählen Sie das entsprechende Patienten-Symbol aus, indem Sie es mit der linken Maustaste anklicken. Anschließend klicken Sie mit der linken Maustaste auf das Feld „Lehrling" in der Taskleiste oben auf ihrem Bildschirm. Aus dem erscheinenden Pulldown-Menü

Abbildung 18: Lehrling bearbeiten 1

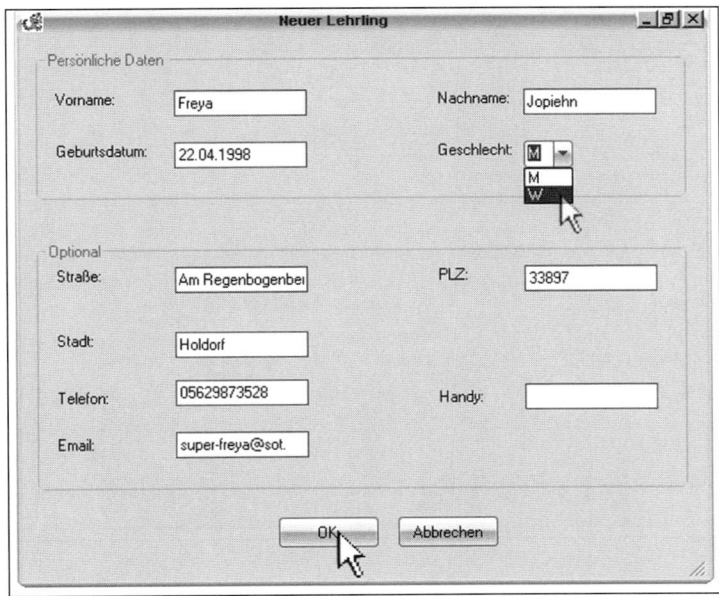

Abbildung 19: Lehrling bearbeiten 2

55

wählen Sie via Mausklick auf der linken Seite das Feld „Lehrling löschen". Der Lehrling ist jetzt gelöscht.

6.6 Sitzung starten

Starten sie die SOT durch einen Doppelklick auf das Programmsymbol Vico auf ihrem Desktop. Klicken Sie doppelt auf das gewünschte Lehrlings-Symbol. (Sollten Sie noch keinen „Lehrling" angelegt haben, verfahren Sie weiter wie unter Kapitel 6.2 beschrieben.) Sie erhalten das Fenster „Sitzung Starten" (vgl. Abb. 20). Dieses Fenster stellt verschiedene Optionen zur Verfügung. Sie können zwischen visuellem und auditivem Einprägen sowie zwischen visuellem und auditivem Abrufen wählen. Außerdem können Sie über das Feld „Lernkurvenverlauf" Lernstatistiken abrufen. Das Fenster zeigt Ihnen auch an, wie viele Sitzungen einer Option

Sie bereits mit dem Kind durchgeführt haben, wann die erste Sitzung und wann die zuletzt durchgeführte Sitzung stattgefunden hat.

Nachdem Sie das Feld „Start mit" mit der linken Maustaste angeklickt haben, wird dieses Feld für die nächste Trainingssitzung inaktiv. In jedem Bereich (visuell Einprägen, visuell Abrufen, auditiv Einprägen, auditiv Abrufen) kann pro Lehrlingskonto einmal mit dem Feld „Start mit" begonnen werden. Sie können das Training danach nur noch fortsetzen, indem Sie mit der linken Maustaste auf das Feld „Fortsetzen" klicken.

Sollten Sie bei einer anderen Liste im gleichen Bereich, etwa visuell Einprägen, das Training fortsetzen wollen, muss ein neuer Lehrling angelegt werden. Da dies gerade zu Beginn des Trainings häufiger vorkommen kann, um den angemessenen Schwierigkeitsgrad bestimmen zu können,

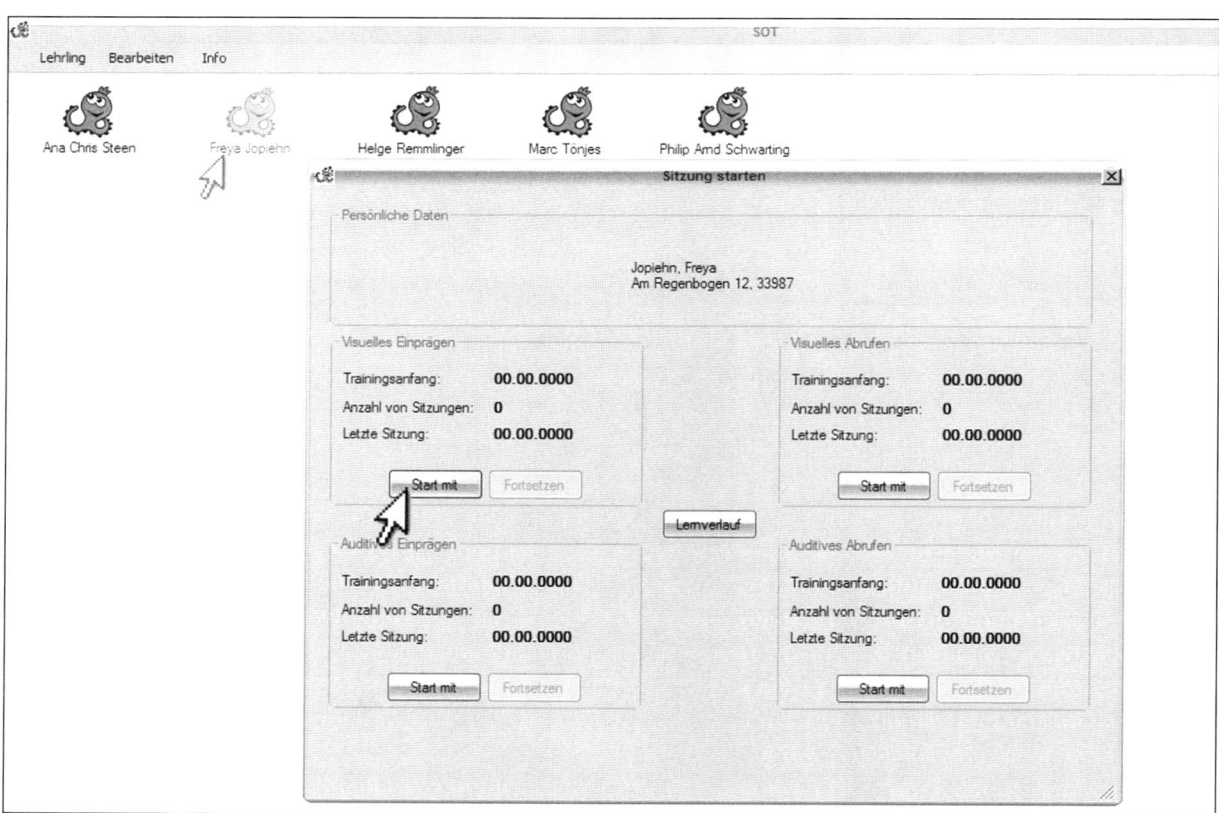

Abbildung 20: Sitzung starten

empfehlen wir die Lehrlingskonten nicht nur mit dem Namen des Patienten zu benennen, sondern auch durchzunummerieren (etwa Max1, Max2). Nachdem Sie auf das Feld „Start mit" geklickt haben, erscheint das Fenster „Sitzung Einstellungen" (vgl. Abb. 21).

Wählen Sie nun die Liste aus, mit der Sie starten wollen, indem Sie mit der linken Maustaste auf die entsprechende Liste klicken. Sie können auch Schriftart und Schriftgröße (vgl. Abb. 22) auswählen. Wir empfehlen zu Beginn des Trainings die Schriftgröße 48. Außerdem können die Sitzungs-

dauer (in Minuten) und die Dauer der Darbietung des Wortes und des Regelsymbols (in Millisekunden) festgelegt werden. Ist die Sitzungszeit abgelaufen, bricht das Programm die Listenbearbeitung ab und erstellt eine Auswertungsstatistik. Die Darbietungsdauer der Worte und Regelsymbole sollte Stück für Stück verkürzt werden, bis nur noch 300 ms notwendig sind.

Sind alle Einstellungen vorgenommen, klicken Sie auf das Feld OK. Der Bildschirm wird nun weiß; das eigentliche Training kann beginnen.

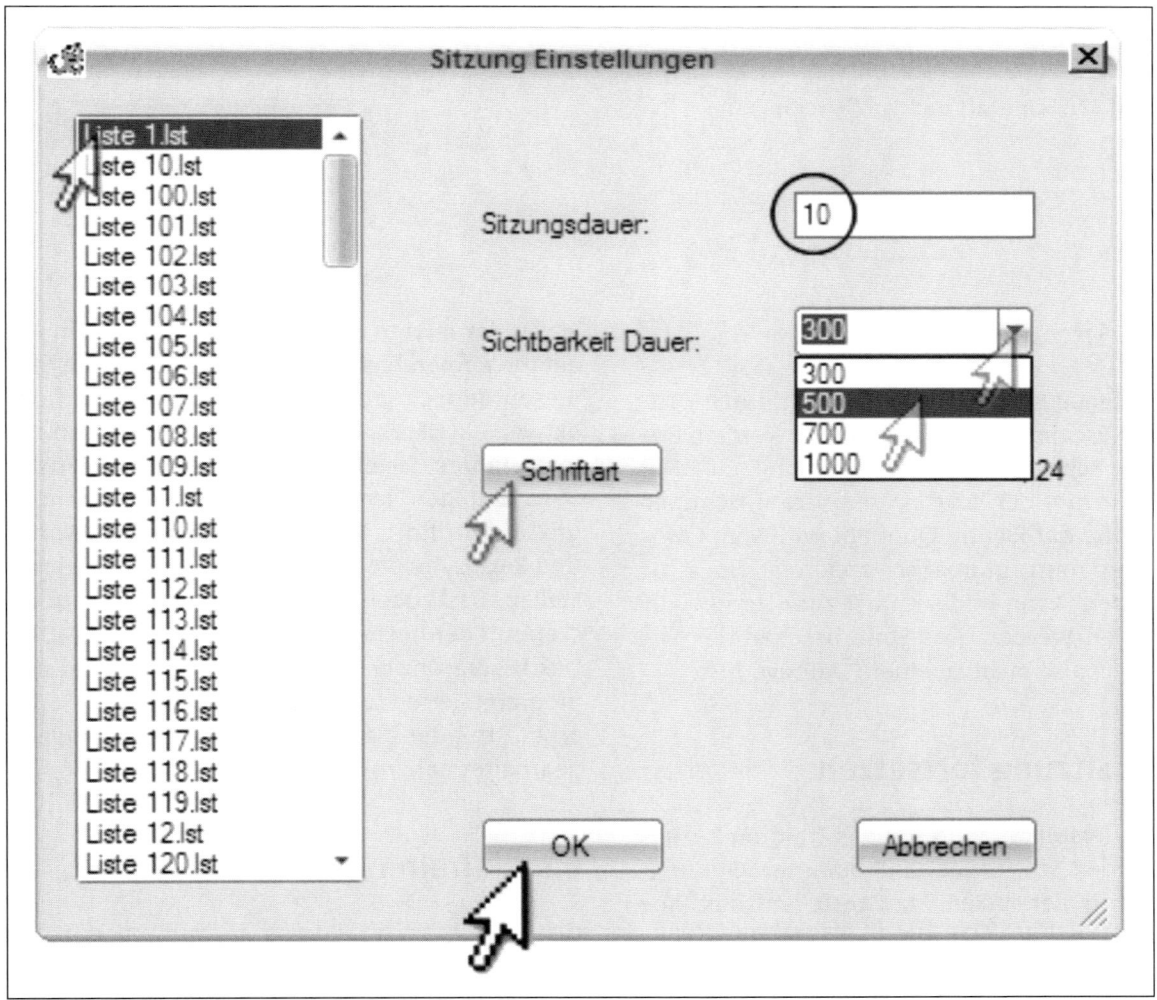

Abbildung 21: Schriftart und -größe verändern

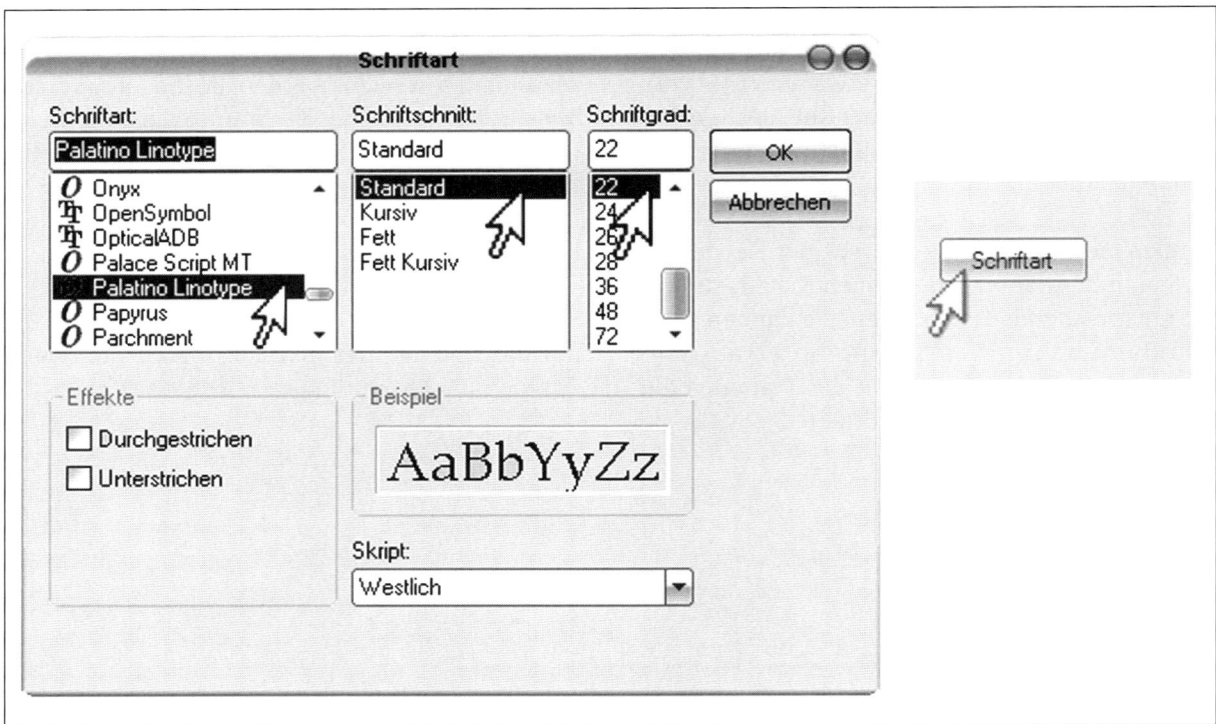

Abbildung 22: Schriftart und -größe verändern

6.7 Sitzung unterbrechen

Eine laufende Sitzung kann jederzeit durch Drücken der Escape-Taste unterbrochen werden. Daraufhin erscheint das Fenster „Session Ende". Die Gesamtanzahl der Wörter, die Anzahl richtiger Wörter und der Richtig-Quotient wird vom Computerprogramm automatisch angezeigt. Der Richtig-Quotient kann in der Grafik zum Lernverlauf angesehen werden. Das Unterbrechen der Sitzung führt also nicht zu einem Datenverlust.

6.8 Sitzung fortsetzen

Nach der ersten Sitzung soll das Training fortgesetzt werden. Starten Sie das Programm SOT durch Klicken mit der linken Maustaste auf das Programmsymbol der SOT auf Ihrem Desktop. Wählen Sie das entsprechende Lehrlingskonto durch Doppelklick mit der linken Maustaste aus. Sie erhalten nun das Fenster „Sitzung starten". Sollten

Sie in der letzten Sitzung mit visuellem Einprägen begonnen haben, ist das Feld „Start mit" für diesen Bereich jetzt inaktiv. Klicken Sie auf das aktive Feld „Fortsetzen", um mit dem Training fortzufahren. Sie erhalten dann über das Fenster „Einstellungen" jedesmal die Gelegenheit, Schriftgröße, Schriftart, Darbietungsdauer der Wörter und Regelsymbole und die Trainingsdauer einzustellen. Bestätigen Sie Ihre Eingaben durch Klicken mit der linken Maustaste auf das Feld „OK". Das Programm beginnt dann entsprechend den programmierten Lernschlaufen (siehe Kapitel 6.10) erneut mit der gleichen Liste, mit der Sie zuletzt gearbeitet haben.

6.9 Training mit der SOT

Während des Trainings mit der SOT wiederholen sich immer wieder drei Arbeitsschritte. In welcher Reihenfolge die Schritte erfolgen, hängt davon ab, ob der Einpräg- oder Abrufmodus gewählt wurde.

Für den Einprägmodus gilt (vgl. Kasten 2):

Kasten 2: Illustration der drei zentralen Arbeitsschritte der SOT (Einprägmodus)

Was soll das Kind tun?	Was ist auf dem Bildschirm zu sehen?
Erster Arbeitsschritt Das Kind klickt auf die linke Maustaste. Für die eingestellte Darbietungsdauer (z. B. 500 ms) erscheint ein Regelsymbol oder mehrere Regelsymbole. Das Kind skizziert diese in sein Arbeitsheft (es reicht die Darstellung der Silhouette).	
Zweiter Arbeitsschritt Das Kind klickt erneut auf die linke Maustaste. Nun wird für die eingestellte Darbietungsdauer das Wort eingeblendet (visuell oder auditiv je nach gewählter Option). Das Kind soll dieses laut wiedergeben und dann in sein Arbeitsheft leserlich unter die Zeile mit den Regelsymbolen schreiben.	**Watte**
Dritter Arbeitsschritt Das Kind klickt noch einmal auf die linke Maustaste. Nun erscheinen Regelsymbol und Wort zusammen und bleiben, als Kontrollfolie, stehen. Das Kind soll nun mit Hilfe der Bildschirmdarbietung überprüfen, ob es in seinem Arbeitsheft das Wort richtig geschrieben sowie die Regelsymbole richtig skizziert hat und gegebenenfalls das Wort erneut richtig aufschreiben. Sind alle Regelsymbole und das Wort korrekt, klickt das Kind den grünen Haken an, andernfalls das rote Kreuz. Danach wird der Bildschirm wieder weiß und erst mit einem neuen Klick auf die linke Maustaste wird das Training fortgesetzt. Ist für ein Wort kein Regelsymbol vorgesehen, dann erscheint sofort das Wort. Es wird also mit dem zweiten Arbeitsschritt begonnen.	 **Watte**

Im Einprägmodus soll das Kind lernen, Wort und Regel gemeinsam zu assoziieren, so dass – wenn das Wort aktiviert wird – auch der Zugriff auf die Regel gebahnt ist. Bei der Wortdarbietung kann visuell (Phase III oder IV) oder auditiv (Phase VI) vorgegangen werden. Die meisten Kinder mit LRS verfügen über eine bessere visuelle Informationsverarbeitung. Um jedoch sicherer zu sein, sollte neben einer psychologischen Testung auch eine ausführliche augenärztliche und pädaudiologische Untersuchung im Vorfeld durchgeführt werden.

Im Abrufmodus (Phase V bei visueller Darbietung, Phase VII bei auditiver Darbietung) soll der Abruf der im Einprägmodus gebahnten Assoziation zwischen Wort und Regel trainiert werden. Der Abrufmodus setzt also eine ausreichend lange Übung im Einprägmodus voraus. Es wird empfohlen, die ersten 15 Therapiesitzungen nur im Einprägmodus zu trainieren. Erste Abrufübungen stellen bereits die Diktate und Aufsätze zur Lernerfolgskontrolle dar (siehe Anhang C und auf DVD).

Für den Abrufmodus gilt (vgl. Kasten 3):

Kasten 3: Illustration der drei zentralen Arbeitsschritte der SOT (Abrufmodus)

Was soll das Kind tun?	Was ist auf dem Bildschirm zu sehen?
Erster Arbeitsschritt Das Kind klickt auf die linke Maustaste. Nun wird für die eingestellte Darbietungsdauer das Wort eingeblendet (je nach gewählter Option visuell oder auditiv). Das Kind soll dieses laut wiedergeben und dann die dazugehörigen Regelsymbole in sein Arbeitsheft skizzieren.	**Watte**
Zweiter Arbeitsschritt Das Kind klickt erneut auf die linke Maustaste. Für die eingestellte Darbietungsdauer (z. B. 500 ms) erscheinen ein Regelsymbol oder mehrere Regelsymbole. Das Kind vergleicht, ob es alle skizziert hat. Dann schreibt es das Wort in sein Arbeitsheft unter die Zeile mit den Regelsymbolen.	
Dritter Arbeitsschritt Das Kind klickt erneut auf die linke Maustaste. Nun erscheinen Regelsymbole und Wort zusammen und bleiben als Kontrollfolie stehen. Das Kind soll nun mit Hilfe der Bildschirmdarbietung überprüfen, ob es in seinem Arbeitsheft das Wort richtig geschrieben sowie die Regelsymbole richtig skizziert hat und gegebenenfalls das Wort erneut richtig aufschreiben. Sind alle Regelsymbole und das Wort korrekt, klickt das Kind den grünen Haken an, andernfalls das rote Kreuz. Es kann auch vereinbart werden, dass der grüne Haken auch dann angeklickt werden darf, wenn das Kind einen Fehler selbst bemerkt. So wird die Selbstkontrolle verstärkt. Danach wird der Bildschirm wieder weiß und erst mit einem neuen Mausklick auf die linke Taste wird das Training fortgesetzt.	 **Watte**

Ist die Sitzungsdauer abgelaufen, erscheint eine Auswertung (vgl. Abb. 23). Hier werden die Anzahl der insgesamt geschriebenen Wörter, die richtig geschriebenen Wörter und der Anteil Richtiger (Richtig-Quotient = Richtige geteilt durch Gesamtanzahl) ausgegeben. Die Anzahl der richtigen Wörter geben Aufschluss darüber, wie viele Punkte das Kind in der Sitzung erreicht hat. So könnte im Trainingsvertrag etwa stehen: Für jeweils fünf richtige Wörter erhält das Kind einen Punkt auf der Gewinnpunktekarte. In Abbildung 23 wären

demnach drei Punkte erzielt worden. Durch Klicken auf das Feld „OK" öffnet sich erneut das Fenster „Sitzung starten".

6.10 Statistiken zur Lernerfolgs-kontrolle

Durch Klicken auf das Feld „Lernverlauf" im Fenster „Sitzung starten" können, auch zusammen mit dem Kind, eine Lernverlaufsgrafik sowie eine

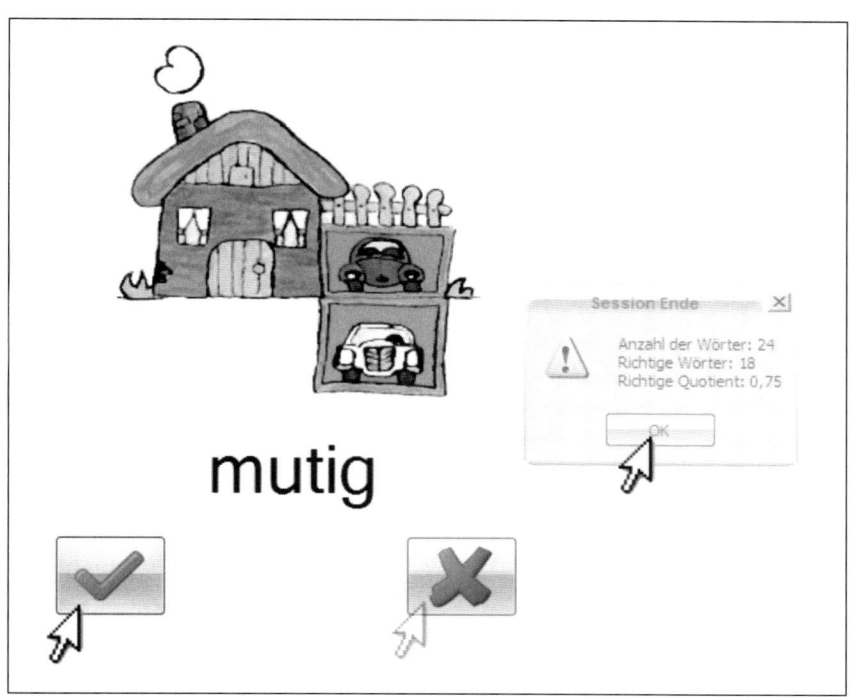

Abbildung 23: Auswertung bei Trainingsende

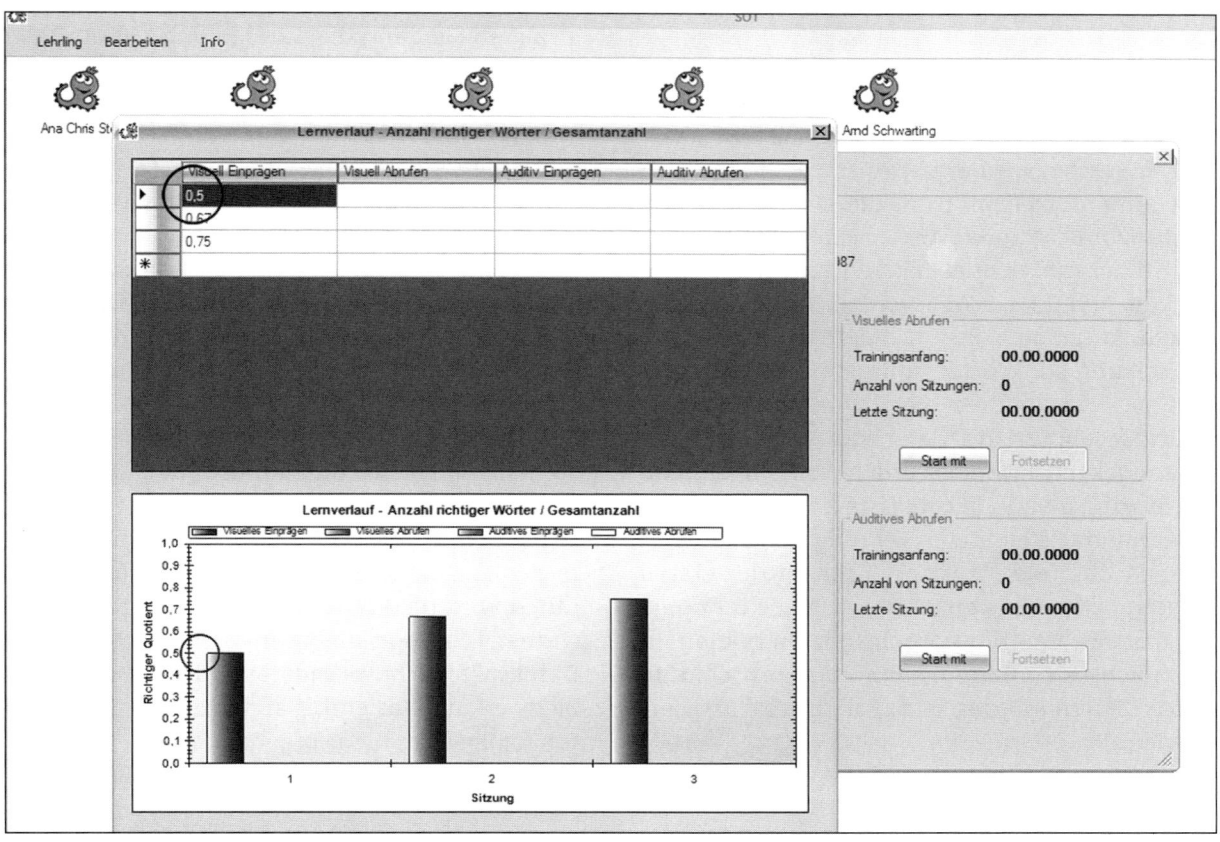

Abbildung 24: Lernverlaufsstatistik

Tabelle mit den verschiedenen Richtig-Quotienten eingesehen und Veränderungen über längere Zeiträume visualisiert werden (vgl. Abb. 24).

Der Computer berechnet den Richtig-Quotienten aus den richtig geschriebenen Wörtern im Verhältnis zur Gesamtanzahl der geschriebenen Wörter. Der höchstmögliche Wert beträgt „1" (alle Worte richtig geschrieben), der niedrigste „0" (kein Wort richtig geschrieben). Die tabellarische Darstellung gliedert sich in den Spalten nach den vier Durchführungsmodi
– Visuell Einprägen,
– Visuell Abrufen,
– Auditiv Einprägen und
– Auditiv Abrufen.

In jeder Spalte finden sich die Trainingsergebnisse chronologisch sortiert. Das Balkendiagramm zeigt in der Vertikalen den Ausprägungsgrad des Richtig-Quotienten und in der Horizontalen die Sitzungen.

6.11 Lernschlaufen der SOT

Nach der ersten Sitzung kann das Training wie folgt fortgesetzt werden: Klicken Sie dafür bitte im Fenster „Sitzung Starten" auf das Feld „Fortsetzen". Dabei wird eine Lernschlaufe aktiviert. Der Computer beginnt mit der Liste, die zuletzt geübt wurde. Wurden Wörter jedoch fünfmal als richtig gekennzeichnet (klicken auf grünen Haken, vgl. Abb. 23, s. S. 61), werden sie vorerst nicht erneut dargeboten. Erst nachdem das Kind in der Fortsetzung 500 Wörter fünfmal richtig geschrieben hat, werden diese per Zufallsgenerator erneut dargeboten, bis sie wiederum dreimal als richtig gekennzeichnet wurden. Sollte in der ersten Sitzung eine zu leichte Liste ausgewählt worden sein, muss ein neuer Lehrling angelegt werden, da das Feld „Start mit" nur in der ersten Sitzung aktiv ist. Es empfiehlt sich, die Lehrlinge für das einzelne Kind durchzunummerieren. In der nächsten Sitzung kann die Lernschlaufe durch Klicken auf das Feld „Fortsetzen" aktiviert werden.

6.12 Transport von Trainingsständen zwischen Zuhause und Therapiesitzung

Am Ende der Sitzung ist es möglich, den aktuellen Trainingsstand auf einem USB-Stick zu speichern:
– Stecken Sie den USB-Stick in die USB-Schnittstelle.
– Öffnen Sie bitte ihren Arbeitsplatz (Doppelklick mit der linken Maustaste auf Arbeitsplatz).
– Gehen Sie in den Ordner „Lehrlinge", der sich in dem Pfad „C:\Programme\Hogrefe Verlag\SOT" befindet (durch Doppelklick auf Laufwerk C, dann auf Ordner Programme, dann auf Ordner Hogrefe Verlag, dann auf Ordner SOT und dann auf Ordner Lehrlinge). Sollten Sie bei der Installation der SOT-Programmdateien (vgl. Kapitel 6.2) ein anderes Zielverzeichnis festgelegt haben, suchen Sie bitte den entsprechenden Pfad auf.
– Kopieren Sie im Ordner Lehrlinge die Datei des gewünschten Lehrlings. Markieren Sie dafür zunächst den gewünschten Lehrling (durch einfachen Mausklick mit der linken Taste) und kopieren Sie dann die Datei (durch Klick mit der rechten Maustaste. Es erscheint ein Pulldown-Menü: Bitte wählen Sie durch Mausklick mit der linken Taste das Feld „Kopieren".)
– Wählen Sie den USB-Stick an (Markieren Sie auf Arbeitsplatz den USB-Stick durch einfachen Mausklick mit der linken Taste.).
– Fügen Sie die Datei auf den USB-Stick ein (durch Klick mit der rechte Maustaste. Es erscheint ein Pulldown-Menü: Bitte wählen Sie durch Mausklick mit der linken Taste das Feld „Einfügen".).

Der Lehrling und damit der aktuelle Trainingsstand befindet sich nun auf dem USB-Stick.

Zuhause muss die Datei des Lehrlings nun wieder in den Ordner Lehrlinge eingefügt werden. Dadurch wird die vorherige Lehrlingsdatei in dem Ordner Lehrlinge überschrieben. Der Name der Datei sollte nicht verändert werden, da sonst Probleme bei der Bedienung auftreten. Die Eltern sollten folgendermaßen vorgehen:
– Stecken Sie den USB-Stick in die USB-Schnittstelle.
– Öffnen Sie bitte ihren Arbeitsplatz (Doppelklick mit der linken Maustaste auf Arbeitsplatz).

– Wählen Sie den USB-Stick an (Markieren Sie auf Arbeitsplatz den USB-Stick durch einfachen Mausklick mit der linken Taste.).
– Kopieren Sie die auf dem USB-Stick befindliche Lehrlings-Datei (Markieren Sie die Datei durch einfachen Mausklick mit der linken Taste.) und kopieren Sie sie dann (durch Klick mit der rechten Maustaste. Es erscheint ein Pulldown-Menü: Bitte wählen Sie durch Mausklick mit der linken Taste das Feld „Kopieren".).
– Gehen Sie in den Ordner „Lehrlinge", der sich in dem Pfad „C:\Programme\Hogrefe Verlag\SOT" befindet (durch Doppelklick auf Laufwerk C, dann auf Ordner Programme, dann auf Ordner Hogrefe Verlag, dann auf Ordner SOT und dann auf Ordner Lehrlinge). Sollten Sie bei der Installation der SOT-Programmdateien (vgl. Kapitel 6.2) ein anderes Zielverzeichnis festgelegt haben, suchen Sie bitte den entsprechenden Pfad auf.
– Fügen Sie den Lehrling in das soeben ausgewählte Verzeichnis ein (durch Klick mit der rechten Maustaste. Es erscheint ein Pulldown-Menü: Bitte wählen Sie durch Mausklick mit der linken Taste das Feld „Einfügen".). Es öffnet sich der Dialog „Ersetzen von Dateien bestätigen". Bitte bestätigen Sie, dass Sie auf der Fest-

platte befindliche Lehrlingsdatei durch die auf dem USB-Stick befindliche Lehrlingsdatei ersetzen möchten (Bitte ändern Sie nicht den Namen der Lehrlingsdatei!).

Der Lehrling und damit der aktuelle Trainingsstand befindet sich nun in dem Ordner „C:\Programme\Hogrefe Verlag\SOT\Lehrlinge". Das Training kann zu Hause fortgesetzt werden.

Für die nächste Therapiesitzung sollten die Eltern die Lehrlingsdatei zu Hause wieder auf den USB-Stick speichern und mitbringen, so kann in der Therapie am aktuellen Lernstand wieder angeknüpft werden.

6.13   Listeneditor

Der Listeneditor kann genutzt werden, um vorhandene Listen zu bearbeiten und dann als neue Listen abzuspeichern oder um völlig neue Listen mit neuen Wörtern zu erstellen. In jedem Fall sollte beim Speichern der Listen die laufende Listenbezeichnung fortgeführt werden. Da im Programm „als Grundausstattung" 150 Listen gespeichert

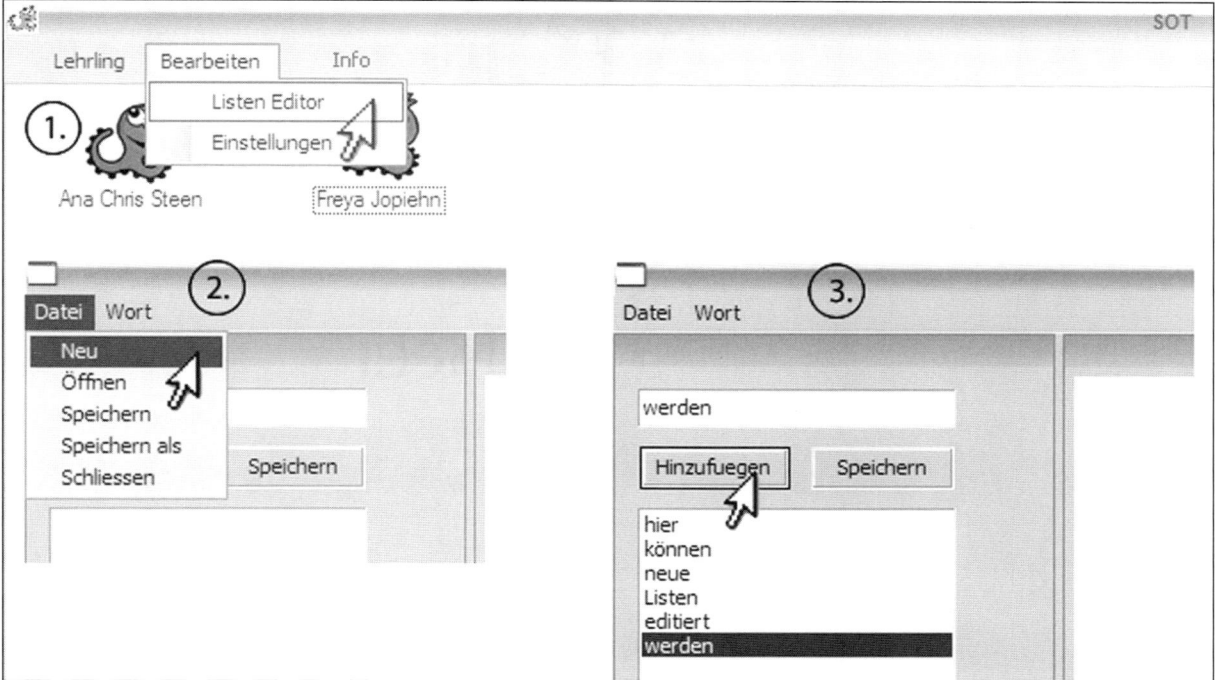

Abbildung 25: Listeneditor bedienen 1

sind, muss die nächste Liste unter der Bezeichnung „ Liste 151.Ist" abgespeichert werden. Das Erstellen von neuen Listen sollte durch den Therapeuten und nicht durch die Eltern vorgenommen werden, da der Therapeut besser einschätzen kann, welche Wortlisten gebraucht werden und im Umgang mit der SOT geschulter ist.

6.13.1 Erstellen neuer Listen

Für das Erstellen neuer Listen klicken Sie mit der linken Maustaste auf das Feld „Bearbeiten" auf der Taskleiste oben auf ihrem Bildschirm, dann wählen Sie durch Mausklick mit der linken Taste das Feld „Listen Editor" an (vgl. Abb. 25, s. S. 63). Der Listeneditor wird geöffnet.

Klicken Sie mit der linken Maustaste auf das Feld „Datei" und dann im Pulldown-Menü auf das Feld „Neu".

Schreiben Sie ein neues Wort in das Feld links oben auf Ihrem Bildschirm, in dem der Curser

blinkt (im Beispiel Abb. 25 das Wort „werden"), und klicken Sie dann mit der linken Maustaste auf das Feld „Hinzufügen". Das neue Wort wird in das Listenfeld unter dem Feldern „Hinzufügen" und „Speichern" übertragen.

6.13.2 Zuordnen der Regelsymbole zu neuen Wörtern

Markieren Sie das gewünschte Wort auf der rechten Seite in der Wortliste durch Klicken mit der linken Maustaste. Wählen Sie dann aus der Regelsymbolleiste (unteres Fenster) durch Anklicken mit der linken Maustaste das gewünschte Regelsymbol aus. Es erscheinen rote Streifen rechts und links vom ausgewählten Regelsymbol. Dann klicken Sie mit der linken Maustaste auf den Pfeil oberhalb des Regelsymbolfensters. Das Regelsymbol wird in das Fenster darüber übertragen. Die Zuordnung ist abgeschlossen. Bitte nicht vergessen, die neu erstellte Liste auch zu speichern (s. a. unter Speichern von neuen Listen). Es können auch eigens Regelsymbole angefertigt und gespeichert

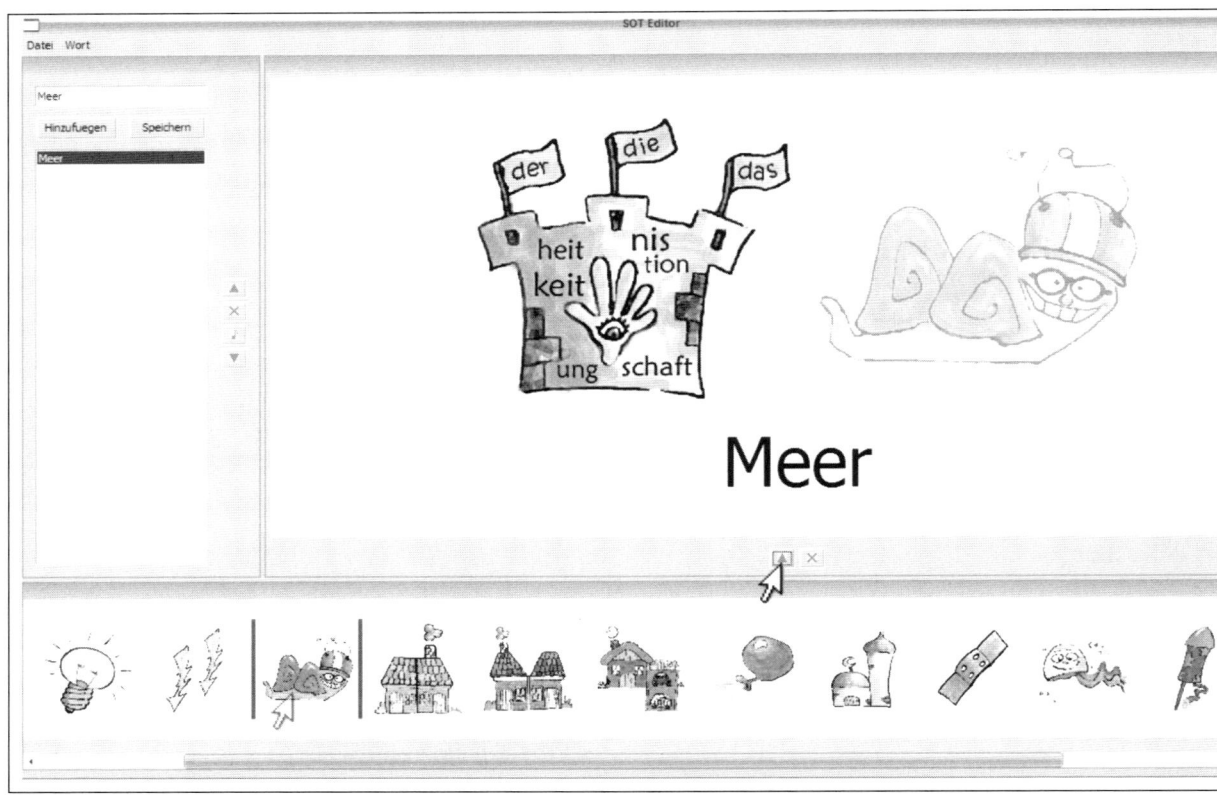

Abbildung 26: Zuordnung von neuen Worten zu Regelsymbolen

werden. Diese müssen in dem Pfad „C:\Programme\Hogrefe Verlag\SOT\data\pictures abgelegt werden." (Sollten Sie bei der Installation der SOT-Programmdateien (vgl. Kapitel 6.2) ein anderes Zielverzeichnis festgelegt haben, suchen Sie bitte den entsprechenden Pfad auf.)

6.13.3 Zuordnen der Audiodateien zu neuen Wörtern

Markieren Sie das gewünschte Wort auf der rechten Seite in der Wortliste durch Klicken mit der linken Maustaste. Klicken Sie dann mit der linken Maustaste auf das Notenfeld zwischen den Fenstern. Es erscheint ein neues Fenster mit Audiofiles. Durch Klicken auf das Feld „Wiedergabe", können Sie sich den Audiofile anhören. Durch Klicken auf das Feld „Zuordnen" wird das Wort mit dem Audiofile verknüpft. Bitte wie oben beschrieben, auch

eine Verknüpfung mit den Regelsymbolen herstellen. Die Audiofiles entsprechen den Wortlisten (siehe Anhang B und DVD) und sind entsprechend nummeriert. Es können auch neue Audiofiles aufgenommen werden. Diese müssen dann in dem Pfad „C:\Programme\Hogrefe Verlag\ SOT\ data\sounds" gespeichert werden. (Sollten Sie bei der Installation der SOT-Programmdateien (vgl. Kapitel 6.2) ein anderes Zielverzeichnis festgelegt haben, suchen Sie bitte den entsprechenden Pfad auf.)

6.13.4 Speichern neuer Listen

Zum Speichern neuer Listen klicken Sie mit der linken Maustaste auf das Feld „Datei" auf der Taskleiste oder auf dem Bildschirm. Wählen Sie nun das Feld „Speichern als" aus im Pulldown-Menü durch Anklicken mit der linken Maustaste. Die neue Liste

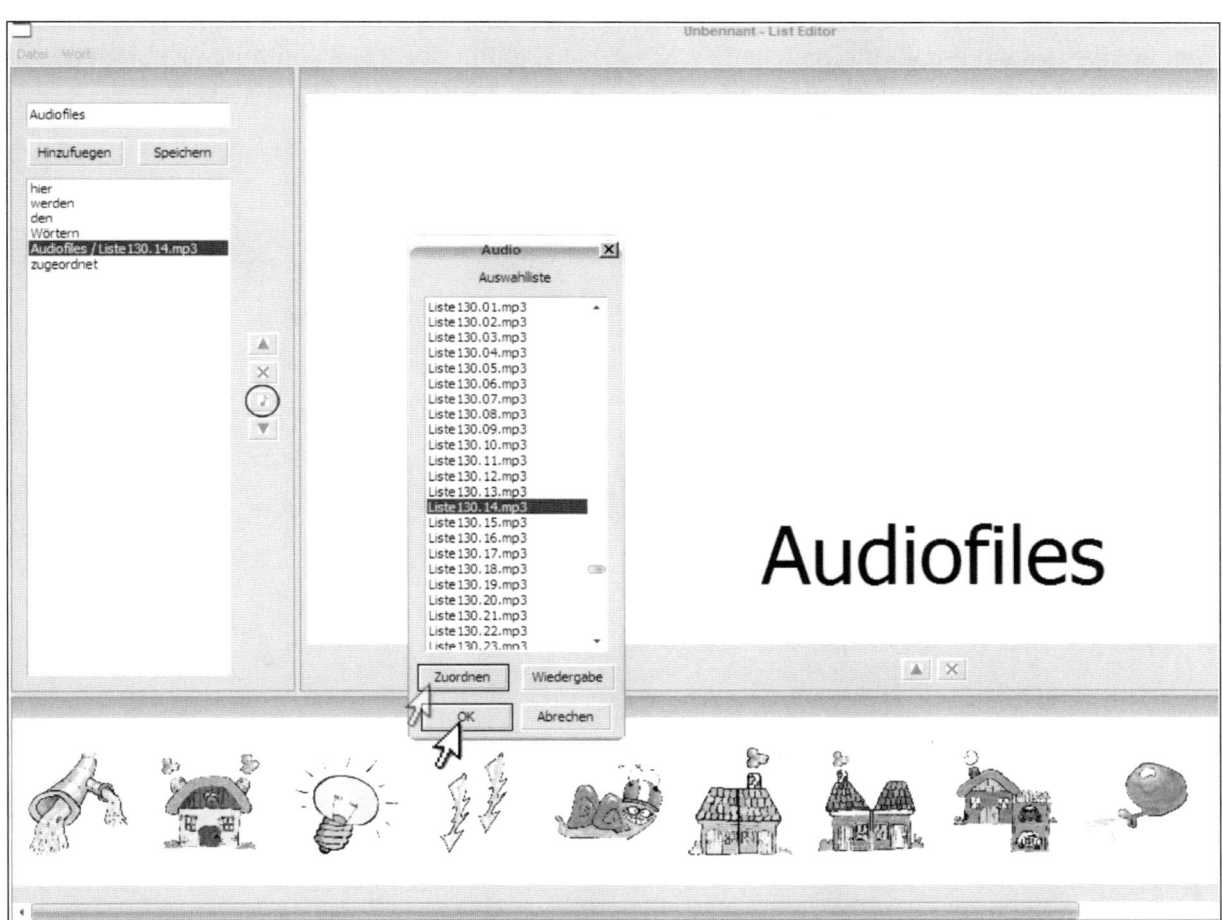

Abbildung 27: Zuordnung von neuen Worten zu Audiofiles

für visuelles Lernen muss unbedingt in folgendem Pfad gespeichert werden „C:\Programme\Hogrefe Verlag\SOT\Listen". Die neuen Listen für auditives Lernen müssen in dem Pfad „C:\Programme\Hogrefe Verlag\SOT\audiolisten" eingespeichert werden. (Sollten Sie bei der Installation der SOT-Programmdateien (vgl. Kapitel 6.2) ein anderes Zielverzeichnis festgelegt haben, suchen Sie bitte den entsprechenden Pfad auf.)

6.14   Diktate für den Lerntransfer

Es liegen 15 Diktate als Lückentext und fünf Diktate als Fließtext vor (siehe Anhang C und DVD). Zu Beginn der Förderung sollten die Lückentextdiktate verwendet werden. In die Kästchen über den Lücken sollen die Kinder erst die Regelsymbole malen, die zu dem zu schreibenden Wort gehören, dann soll das Wort geschrieben werden. Vor dem Diktieren sollte der Text einmal komplett vorgelesen werden. Diktieren Sie den Text dann fließend immer bis zu dem zu schreibenden Wort. Wiederholen Sie dann das zu schreibende Wort erneut, jedoch ohne überdeutlich zu betonen. Fahren Sie mit dem Diktieren fort, wenn das Kind das Wort geschrieben hat.

Später wird dann auf die Fließtexte gewechselt. Beim Fließtext sollte das Kind am Ende zur Kontrolle den Text von hinten nach vorne Wort für Wort korrigieren und dann noch einmal von vorne nach hinten korrigierend lesen. Weisen Sie das Kind wiederholt darauf hin, dass es überlegen soll, ob es das Wort schon im Training kennengelernt hat und welche Regelsymbole dann gelten.

Am Ende korrigiert der Therapeut und ermittelt direkt danach den „Richtig-Quotienten"; dieser Quotient wird in die Lernfortschrittsgrafik eingetragen (siehe Anhang F und DVD).

6.15   Aufsätze für den Lerntransfer

Werden bei den Diktaten deutliche Verbesserungen sichtbar, dann sollte auch das freie Schreiben geübt werden. Auf der Materialien-DVD befinden sich dafür eine Reihe von Aufgabenblättern mit einem ansteigenden Schwierigkeitsgrad.

7 Erste Ergebnisse zur Wirksamkeit der SOT

Die SOT wurde zunächst mit einer Stichprobe von zehn Kindern durchgeführt. Die Durchführungsdauer betrug durchschnittlich 22 Sitzungen (Standardabweichung 5 Sitzungen), wobei eine Sitzung pro Woche beim Therapeuten und vier Übungseinheiten pro Woche zu Hause, 15 Minuten täglich durchgeführt wurde. Alle teilnehmenden Kinder erfüllten die Kriterien einer Rechtschreibstörung nach ICD-10. Es nahmen Kinder der dritten, fünften und siebten Klasse teil. Der mittlere Intelligenzquotient betrug 107 bei einer Standardabweichung von 12 IQ-Punkten. Sechs der zehn Kinder wiesen zusätzlich eine Aufmerksamkeitsstörung vom vorwiegend unaufmerksamen Typus auf. Keines der Kinder wurde medikamentös behandelt. Zwei Kinder litten komorbid an einer Rechenstörung und zwei weitere hatten eine Störung der Lern- und Merkfähigkeit.

Gemessen wurde mit gebräuchlichen Rechtschreibtests, die allesamt auf Lückentextdiktaten basieren. Zum Einsatz kamen der WRT3+, WRT 6+, und der DRT 5. Erfasst wurde neben dem T-Wert in den Rechtschreibtests auch die Verbesserung auf Rohwertebene. Dazu wurde ein prozentualer „Richtig-Quotient" bestimmt. Dieser berechnete sich aus der Anzahl der richtig geschriebenen Wörter geteilt durch die Gesamtanzahl der Wörter eines Tests. Zur besseren Lesbarkeit wurde dieser Quotient mit 100 multipliziert, um prozentuale Aussagen treffen zu können. Als Hypothese wurde formuliert, dass die Kinder nach etwa 22 Sitzungen einen signifikant besseren T-Wert aufweisen als vor dem Training, und dass sich der prozentuale „Richtig-Quotient" signifikant verbessert. Zur Signifikanztestung wurde aufgrund der Stichprobengröße ein Wilcoxontest berechnet. Wie Abbildung 28 zeigt, verbesserten sich die Kinder durchschnittlich um knapp elf T-Wertpunkte (von 29 auf 40,9 T-Werte) innerhalb eines Trainingsintervalls von etwas weniger als einem halben Jahr. Diese Verbesserung fällt nach dem Wilcoxontest

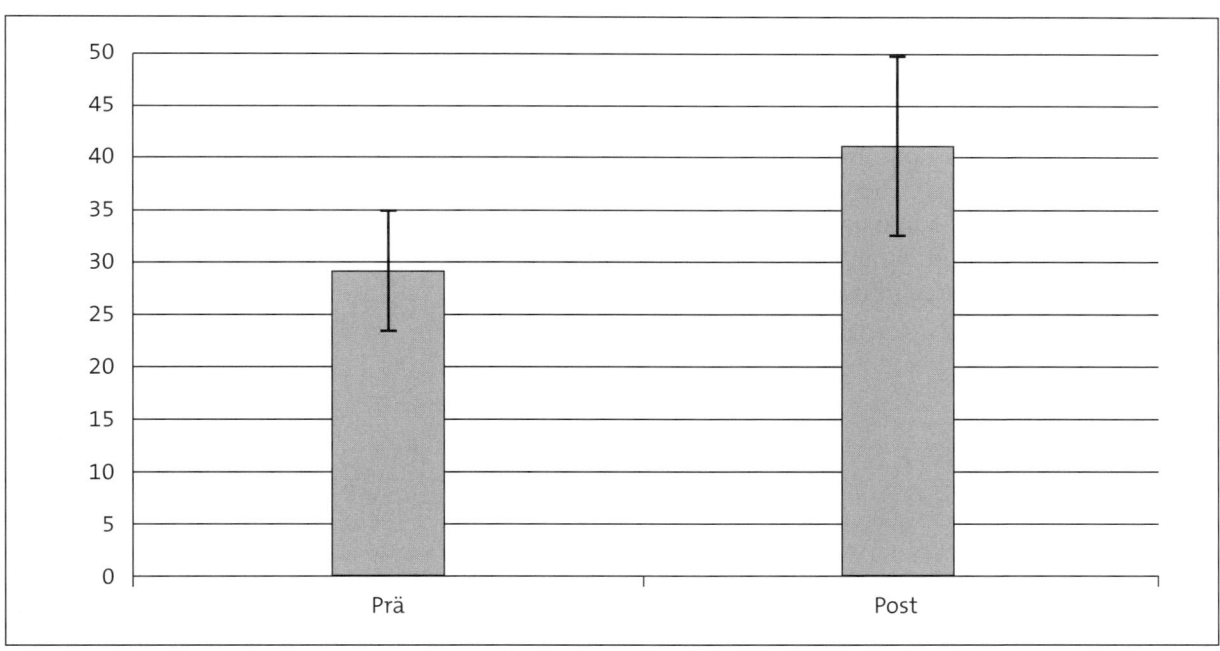

Abbildung 28: Mittelwert der T-Werte im Rechtschreibtest vor und nach der Anwendung des Programms SOT

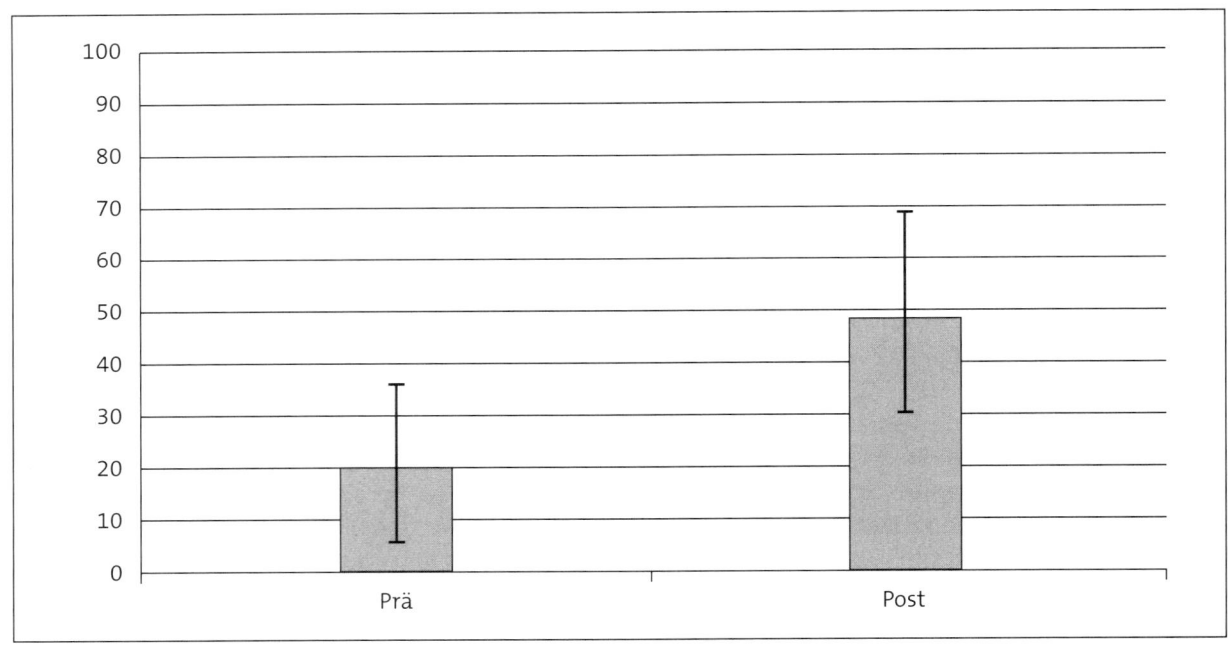

Abbildung 29: Prozentualer Anteil der richtig geschriebenen Wörter an der Gesamtanzahl vor und nach Durchführung des Programms SOT

signifikant aus (p < .003). Die Kinder erreichten also durchschnittlich knapp den Altersnormbereich. Allerdings entspricht bei den meisten Rechtschreibtests einem T-Wert von 40 noch eine Deutschnote von „4" oder „5", so dass empfohlen wurde, das Training weiter fortzusetzen.

Abbildung 29 zeigt, dass die Kinder den prozentualen Anteil an richtig geschriebenen Wörtern an der Gesamtanzahl der geschriebenen Wörter durchschnittlich um 28 % steigern konnten. Die Verbesserung von 21 % richtig geschriebenen Wörtern auf 49 % richtig geschriebener Wörter fällt nach dem Wilcoxontest signifikant (p < .003) aus.

Die ersten Ergebnisse zur SOT zeigen eine deutliche Fehlerreduktion um fast ein Drittel nach nicht einmal einem halben Jahr Trainingsdauer. Weitere Studien stehen aus und sind bereits in Vorbereitung. Wir empfehlen zur Stabilisierung und weiteren Verbesserung des erreichten Leistungsstandes die SOT mindestens ein Jahr lang in der Rechtschreibtherapie anzuwenden und dann zu versuchen, das weitere Üben in das häusliche Umfeld zu verlagern. Regelmäßige Rechtschreibtestkontrollen helfen dem Kind und den Eltern, den erreichten Leistungsstand besser einschätzen zu können.

Literatur

Aster, M. G. v., Weinhold, M. & Horn, R. (2006). *Die neuro-psychologische Testbatterie für Zahlenverarbeitung und Rechnen bei Kindern, revidierte Version (ZAREKI-R)*. Frankfurt: Pearson Assessment.

Auer, M., Gruber, G., Mayringer, H. & Wimmer, H. (2005). *Salzburger Lese-Screening für die Klassenstufen 5–8 (SLS 5-8)*. Bern: Huber.

Bäcker, A. & Neuhäuser, G. (2003). Internalisierende und externalisierende Syndrome bei Lese- und Rechtschreibstörungen. *Praxis der Kinderpsychologie und Kinderpsychiatrie, 52*, 329–337.

Berwanger, D. (2006). Ordnungsschwellentraining. In W. v. Suchodoletz (Hrsg.), *Therapie der Lese-Rechtschreib-Störung (LRS)* (2., überarb. u. erw. Aufl.). Stuttgart: Kohlhammer.

Birkel, P. (2007a). *Weingartener Grundwortschatz Rechtschreib-Test für erste und zweite Klassen (WRT 1+)* (2., neu normierte und vollst. überarb. Aufl.) Göttingen: Hogrefe.

Birkel, P. (2007b). *Weingartener Grundwortschatz Rechtschreib-Test für zweite und dritte Klassen (WRT 2+)* (2., neu normierte und vollst. überarb. Aufl.) Göttingen: Hogrefe.

Birkel, P. (2007c). *Weingartener Grundwortschatz Rechtschreib-Test für dritte und vierte Klassen (WRT 3+)* (2., neu normierte und vollst. überarb. Aufl.). Göttingen: Hogrefe.

Birkel, P. (2007d). *Weingartener Grundwortschatz Rechtschreib-Test für vierte und fünfte Klassen (WRT 4+)* (2., neu normierte und vollst. überarb. Aufl.). Göttingen: Hogrefe.

Blaser, R., Preuss, U., Groner, M., Groner, R. & Felder, W. (2007). Kurz-, mittel- und längerfristige Effekte eines Trainings in phonologischer Bewusstheit und in Buchstaben-Laut-Korrespondenz auf die phonologische Bewusstheit und die Lese- und Rechtschreibleistung. *Zeitschrift für Kinder- und Jugendpsychiatrie und Psychotherapie, 35*, 273–280.

Bulheller, S., Ibrahimovic, N. & Häcker, H.O. (2001). *Rechtschreibtest – Neue Rechtschreibregelung (RST-NRR)*. Frankfurt: Pearson Assessment.

Castro, S. M., Salgado, C. A., Andrade, F. P., Ciasca, S. M. & Carvalho, K. M. (2008). Visual control in children with developemental dyslexia. *Arquivos Brasileiros de Oftalmologia, 71*, 837–840.

Cornelissen, P. L., Hansen, P. C., Hutton, J. L., Evangelinou, V. & Stein, J. F. (1998). Magnocellular visual function and children's single word reading. *Vision Research, 38*, 471–482.

Davis, C., Gayán, J., Knopik, V., Smith, S., Cardon, L., Pennington, B. et al. (2001). Etiology of reading difficulties and rapid naming: The Colorado Twin Study of reading disability. *Behavior Genetics, 31*, 625–635.

De Fries, J. C., Alarcon, M. & Olson, R. K. (1997). Genetic etiologies of reading and spelling deficits: developmental differences. In C. Hulme & M. Snowling (Eds.), *Dyslexia. Biology, cognition, and intervention* (pp. 20–37). London: Whurr.

De Luca, M., Di Pace, E., Judica, A., Spinelli, D. & Zoccolotti, P. (1999). Eye movement patterns in linguistic and non-linguistic tasks in developmental surface dyslexia. *Neuropsychologia, 37*, 1407–1420.

Deutsche Gesellschaft für Kinder- und Jugendpsychiatrie, Bundesgemeinschaft Leitender Klinikärzte für Kinder- und Jugendpsychiatrie, Psychosomatik und Psychotherapie und dem Berufsverband der Ärzte für Kinder- und Jugendpsychiatrie, Psychosomatik und Psychotherapie (Hrsg.). (2007). *Leitlinien zu Diagnostik und Therapie von psychischen Störungen im Säuglings-, Kindes- und Jugendalter* (3. überarb. u. erw. Aufl.). Köln: Deutscher Ärzte-Verlag.

Döpfner, M. & Lehmkuhl, G. (2000). *Diagnostik-System für psychische Störungen im Kindes- und Jugendalter nach ICD-10/DSM-IV (DISYPS/KJ)* (2. korr. u. erg. Aufl.). Bern: Huber.

Döpfner, M. & Petermann, F. (2008). *Diagnostik psychischer Störungen im Kindes- und Jugendalter* (2. vollst. veränd. Aufl.). Göttingen: Hogrefe.

Dummer-Smoch, L. & Hackethal, R. (1993). *Kieler Rechtschreibaufbau*. Kiel: Veris.

Esser, G. & Schmidt, M. H. (1993). Die langfristige Entwicklung von Kindern mit Lese-Rechtschreibschwäche. *Zeitschrift für Klinische Psychologie, 22*, 100–116.

Esser, G., Wyschkon, A. & Schmidt, M. H. (2002). Was wird aus Achtjährigen mit einer Lese- und Rechtschreibstörung – Ergebnisse im Alter von 25 Jahren. *Zeitschrift für Klinische Psychologie und Psychotherapie, 31*, 235–242.

Fischer, B. (1999). *Blick-Punkte: Neurobiologische Prinzipien des Sehens und der Blicksteuerung*. Bern: Huber.

Gasteiger-Klicpera, B., Klicpera, C. & Schabmann, A. (2006). Der Zusammenhang zwischen Lese-, Rechtschreib- und Verhaltensschwierigkeiten. *Kindheit und Entwicklung, 15*, 55–67.

Geiger, G. & Lettvin, J. Y. (1987). Peripheral vision in persons with dyslexia. *New England Journal of Medicine, 316*, 1238–1243.

Goodman, R. (1997). The Strength and Difficulties Questionnaire: A research note. *Journal of Child Psychology and Psychiatry, 38*, 581–586.

Grissemann, H. & Baumberger, W. (2000). *Züricher Leseverständnistest für das 4. bis 6. Schuljahr (ZLVT 4-6)* (2., aktualisierte Auflage in neuer Rechtschreibung). Bern: Huber.

Grund, M., Haug, G. & Naumann, C. L. (2004a). *Diagnostischer Rechtschreibtest für 4. Klassen (DRT 4)* (2., aktualisierte Auflage in neuer Rechtschreibung). Göttingen: Beltz.

Grund, M., Haug, G. & Naumann, C. L. (2004b). *Diagnostischer Rechtschreibtest für 5. Klassen (DRT 5)* (2., aktualisierte Auflage in neuer Rechtschreibung). Göttingen: Beltz.

Haffner, J., Zerahn-Hartung, C., Pfüller, U., Parzer, P., Strehlow, U. & Resch, F. (1998). Auswirkungen und Bedeutung spezifischer Rechtschreibprobleme bei jungen Erwachsenen – empirische Befunde in einer epidemiologischen Stichprobe. *Zeitschrift für Kinder- und Jugendpsychiatrie, 26*, 124–135.

Harold, D., Paracchini, S., Scerri, T., Dennis, M., Cope, N., Hill, G. et al. (2006). Further evidence that the KIAA0319 gene confers susceptibility to developmental dyslexia. *Molecular Psychiatry, 11*, 1085–1095.

Hasselhorn, M. & Schuchardt, K. (2006). Lernstörungen. *Kindheit und Entwicklung, 15*, 208–215.

Jacobs, C. & Petermann, F. (2005). *Rechenfertigkeiten- und Zahlenverarbeitungs-Diagnostikum für die 2. bis 6. Klasse (RZD 2-6)*. Göttingen: Hogrefe.

Jacobs, C. & Petermann, F. (2007). *Rechenstörungen*. Göttingen: Hogrefe.

Jacobs, C. & Petermann, F. (2008a). *Training für Kinder mit Aufmerksamkeitsstörungen. Das neuropsychologische Gruppenprogramm ATTENTIONER* (2., überarb. Aufl.). Göttingen: Hogrefe.

Jacobs, C. & Petermann, F. (2008b). Aufmerksamkeitstherapie bei Kindern – Langzeiteffekte des ATTENTIONERS. *Zeitschrift für Kinder- und Jugendpsychiatrie und Psychotherapie, 36*, 411–417.

Jacobs, C., Tischler, L. & Petermann, F. (2009). Typische klinische Problemkonstellationen bei Patienten der Psychologischen Kinderambulanz der Universität Bremen. *Verhaltenstherapie, 19*, 22–27.

Jansen, H., Mannhaupt, G., Marx, H. & Skowronek, H. (2002). *Bielefelder Screening zur Früherkennung von Lese-Rechtschreibschwierigkeiten (BISC)* (2., überarb. Aufl.). Göttingen: Hogrefe.

Kaufmann, L., Nuerk, H.-C., Graf, M., Krinzinger, M., Delazer, M. & Willmes, K. (2009). *Test zur Erfassung numerisch-rechnerischer Fähigkeiten vom Kindergarten bis zur dritten Klasse (TEDI-MATH)*. Bern: Huber.

Kersting, M. & Althoff, K. (2004). *Rechtschreibungstest (RT)* (3., vollst. überarb. und neu normierte Aufl.). Göttingen: Hogrefe.

Klicpera, C., Schabmann, A. & Gasteiger-Klicpera, B. (2007). *Legasthenie*. München: Reinhardt.

Koglin, U., Fröhlich, L. P., Metz, D. & Petermann, F. (2008). Elternbezogene Förderung der phonologischen Bewusstheit im Kindergartenalter. *Kindheit und Entwicklung, 17*, 173–181.

Kronbichler, M., Hutzler, F., Staffen, W., Mair, A., Ladurner, G. & Wimmer, H. (2006). Evidence for a dysfunction of left posterior reading areas in German dyslexic readers. *Neuropsychologia, 44*, 1822–1832.

Küspert, P. & Schneider, W. (1998). *Würzburger Leise Leseprobe (WLLP)*. Göttingen: Hogrefe.

Landerl, K., Wimmer, H. & Moser, E. (1997). *Der Salzburger Lese- und Rechtschreibtest*. Bern: Huber.

Lenhard, W. & Schneider, W. (2006). *Ein Leseverständnistest für Erst- bis Sechstklässler (ELFE 1-6)*. Göttingen: Hogrefe.

Lewis, C., Hitch, G. H. & Walker, P. (1994). The prevalence of specific arithmetic difficulties and specific reading difficulties in 9- to 10-year-old boys and girls. *Journal of Child Psychology and Psychiatry, 35*, 283–292.

Liederman, J., Kantrowitz, L. & Flannery, K. (2005). Male vulnerability to reading disability is not likely to be a myth: A call for new data. *Journal of Learning Disabilities, 38*, 109–129.

Linder, M. & Grissemann, H. (2000). *Zürcher Lesetest (ZLT)* (6. Auflage mit neuer deutscher Rechtschreibung). Bern: Huber.

Lindgren, S. D., Renzi, E. D. & Richmann, L. C. (1985). Crossnational comparisons of developmental dyslexia in Italy and the United States. *Child Development, 56*, 1404–1417.

Ludwig, K., Roeske, D., Schumacher, J., Schulte-Körne, G., König, I., Warnke, A. et al. (2008). Investigation of interaction between DCDC2 and KIAA0319 in a large German dyslexia sample. *Journal of Neural Transmission, 115*, 1587–1589.

MacDonald, G. W. & Cornwall, A. (1995). The relationship between phonological awareness and reading and spelling achievement eleven years later. *Journal of Learning Disabilities, 28*, 523–527.

Mannhaupt, G. (1994). Deutschsprachige Studien zu Intervention bei Leserechtschreib-Schwierigkeiten. *Zeitschrift für Pädagogische Psychologie, 8*, 123–138.

Marx, H. (1998). *Knuspels Leseaufgaben (KNUSPEL-L)*. Göttingen: Hogrefe.

May, P. (2002). *HSP 1-9 Hamburger Schreib-Probe 1-9* (6., akt. und erweit. Aufl.). Hamburg: vpm.

Mayringer, H. & Wimmer, H. (2003). *Salzburger Lese-Screening für die Klassenstufen 1–4 (SLS 1-4)*. Bern: Huber.

Müller, R. (2004a). *Diagnostischer Rechtschreibtest für 1. Klassen (DRT 1)* (2., akt. Aufl.). Göttingen: Beltz.

Müller, R. (2004b). *Diagnostischer Rechtschreibtest für 2. Klassen (DRT 2)* (4., akt. Aufl.). Göttingen: Beltz.

Müller, R. (2004c). *Diagnostischer Rechtschreibtest für 3. Klassen (DRT 3)* (4., akt. Aufl.). Göttingen: Beltz.

Paulesu, E., Demonet, J. F., Fazio, F., McCrory, E., Chanoine, V., Brunswick, N. et al. (2001). Dyslexia: Cultural diversity and biological Unity. *Science, 291*, 2165–2167.

Paulesu, E., McCrory, E., Fazio, F., Menoncello, L., Brunswick, N., Cappa, S. F. et al. (2000). A cultural effect on brain function. *Nature Neuroscience, 3*, 91–96.

Petermann, F. & Petermann, U. (Hrsg.). (2007). *Hamburg-Wechsler-Intelligenztest für Kinder – IV (HAWIK-IV)*. Bern: Huber.

Petermann, F. & Winkel, S. (2007). *Fragebogen zur Leistungsmotivation für Schüler der vierten bis sechsten Klasse (FLM 4-6)*. Frankfurt a. M.: Pearson Assessment.

Rathenow, P., Laupenmühlen, D. & Vöge, J. (1980). *Westermann Rechtschreibtest 6+*. Braunschweig: Westermann.

Remschmidt, H., Schmidt, M. & Poustka, F. (Hrsg.). (2006). *Multiaxiales Klassifikationsschema für psychische Störungen des Kindes- und Jugendalters nach ICD-10 der WHO* (5. vollst. überarb. u. erw. Aufl.). Bern: Huber.

Reuter-Liehr, C. (2001). *Lautgetreue Rechtschreibförderung, Bde. 1–4*. Bochum: Winkler.

Rosenkötter, H. (1997). Hören, auditive Hypersensibilität und auditives Wahrnehmungstraining. In H. Rosenkötter, U. Minning & S. Minning (Hrsg.), *Hörtraining und Klangtherapie*. Lörrach-Hauingen: Audiva.

Roth, E. (1999). *Prävention von Lese- und Rechtschreibschwierigkeiten: Evaluation einer vorschulischen Förderung der phonologischen Bewußtheit und der Buchstabenkenntnis*. Frankfurt a. M.: Lang.

Rumsey, J. M., Horwitz, B., Donohue, B. C., Nace, K., Maisog, J. M. & Andreason, P. (1997). Phonological and orthographic components of word recognition. A PET-rCBF study. *Brain, 120*, 739–759.

Rutter, M., Caspi, A., Fergusson, D., Horwold, L. J., Goodman, R., Maughan, B. et al. (2004). Gender differences in developmental reading disability: New findings from four epidemiological studies. *Journal of the American Medical Association, 291*, 2007–2012.

Scheerer-Neumann, G. (1988). *Rechtschreibtraining mit rechtschreibschwachen Hauptschülern auf kognitionspsychologischer Grundlage: Eine empirische Untersuchung*. Opladen: Westdeutscher Verlag.

Schneider, W. (2000). Das Konzept der phonologischen Bewusstheit und seine Bedeutung für den Schriftspracherwerb. In B. Ganser (Hrsg.), *Lese-Rechtschreib-Schwierigkeiten – Diagnose – Förderung – Materialien*. Donauwörth: Auer.

Schroeders, U. & Schneider, W. (2008). *Test zur Diagnose von Dyskalkulie (TeDDy-PC)*. Göttingen: Hogrefe.

Schründer-Lenzen, A. & Mücke, St. (2008). Zur Parallelität der Schulleistungsentwicklung von Jungen und Mädchen im Verlauf der Grundschule. In B. Rendtorff & A. Prengel (Hrsg.), *Jahrbuch Frauen- und Geschlechterforschung in der Erziehungswissenschaft. Kinder und ihr Geschlecht, Bd. 4* (S. 135–146). Opladen: Verlag Barbara Budrich.

Schulte-Körne, G., Deimel, W., Jungermann, W. & Remschmidt, H. (2003). Nachuntersuchung einer Stichprobe von lese-rechtschreibgestörten Kindern im Erwachsenenalter. *Zeitschrift für Kinder- und Jugendpsychiatrie und Psychotherapie, 31*, 267–276.

Schulte-Körne, G., Deimel, W. & Remschmidt, H. (2001). Zur Diagnostik der Lese-Rechtschreibstörung. *Zeitschrift für Kinder- und Jugendpsychiatrie und Psychotherapie, 29*, 113–116.

Schulte-Körne, G., Deimel, W. & Remschmidt, H. (2003). Rechtschreibtraining in schulischen Fördergruppen – Ergebnisse einer Evaluationsstudie in der Primarstufe. *Zeitschrift für Kinder- und Jugendpsychiatrie und Psychotherapie, 31*, 85–98.

Schulte-Körne, G. & Mathwig, F. (2001). *Das Marburger Rechtschreibtraining*. Bochum: Winkler.

Schulte-Körne, G. & Mathwig, F. (2007). *Das Marburger Rechtschreibtraining* (3. Aufl.). Bochum: Winkler.

Schumacher, J., Hoffmann, P., Schmal, C., Schulte-Körne, G. & Nothen, M. M. (2007). Genetics of dyslexia: The evolving landscape. *Journal of Medical Genetics, 44*, 289–297.

Schumacher, J., König, I. R., Schröder, T., Duell, M., Plume, E., Propping, P. et al. (2008). Further evidence for a susceptibility locus contributing to reading disability on chromosome 15q15-q21. *Psychiatric Genetics, 18*, 137–142.

Shaywitz, B. A., Shaywitz, S. E., Blachman, B. A., Pugh, K. R., Fulbright, R. K., Skudlarski, P. et al. (2004). Development of left occipitotemporal systems for skilled reading in children after a phonologically-based intervention. *Biological Psychiatry, 55*, 926–933.

Shaywitz, S. E., Escobar, M. D., Shaywitz, B. A., Fletcher, J. M. & Makuch, R. (1992). Evidence that dyslexia may represent the lower tail of a normal distribution of reading ability. *New England Journal of Medicine, 326*, 145–150.

Stark, L.W., Giveen, S.C. & Terdiman, J.F. (1991). Specific dyslexia and eye movements. In J.F. Stein (Ed.), *Vision and visual dysfunktion*. London: Macmillian.

Stiensmeier-Pelster, J. Schürmann, M. & Duda, K. (2002). *Depressionsinventar für Kinder und Jugendliche (DIKJ)* (2. überarb. u. neu normierte Aufl.). Göttingen: Hogrefe.

Stock, C. Marx, P. & Schneider, W. (2003). *Basiskompetenzen für Lese-Rechtschreibleistungen (BAKO 1-4) Ein Test zur Erfassung der phonologischen Bewusstheit vom ersten bis vierten Grundschuljahr*. Göttingen: Beltz.

Stock, C. & Schneider, W. (2008a). *Deutscher Rechtschreibtest für das erste und zweite Schuljahr (DERET 1-2+)*. Göttingen: Hogrefe.

Stock, C. & Schneider, W. (2008b). *Deutscher Rechtschreibtest für das dritte und vierte Schuljahr (DERET 3-4+)*. Göttingen: Hogrefe.

Streblow, L. (2004). Zur Förderung der Lesekompetenz. In U. Schiefele et al. (Hrsg.), *Struktur, Entwicklung und Förderung von Lesekompetenz. Vertiefende Analysen im Rahmen von PISA 2000*. Wiesbaden: VAS.

Suchodoletz v., W. (2006). *Therapie der Lese-Rechtschreib-Störung (LRS)* (2., überarb. u. erw. Aufl.). Stuttgart: Kohlhammer.

Tacke, G., Völker, R. & Lohmüller, R. (2001a). Die Hamburger Schreibprobe: Probleme mit einem neuen Rechtschreibtest. *Psychologie in Erziehung und Unterricht, 48*, 135–145.

Tacke, G., Völker, R. & Lohmüller, R. (2001b). Antwort auf die Replik von May, Malitzky und Vieluf zum Artikel „Die Hamburger Schreibprobe: Probleme mit einem neuen Rechtschreibtest". *Psychologie in Erziehung und Unterricht, 48*, 153–156.

Warnke, A., Hemminger, U. & Plume, E. (2004). *Lese-Rechtschreibstörungen*. Göttingen: Hogrefe.

Warnke, A. & Plume, E. (2008). Umschriebene Lese-Rechtschreibstörung. In F. Petermann (Hrsg.), *Lehrbuch der Klinischen Kinderpsychologie* (6. vollst. veränd. Aufl.) (S. 189–205). Göttingen: Hogrefe.

Warnke, A. & Schulte-Körne, G. (2007). Umschriebene Entwicklungsstörung des Lesens und der Rechtschreibung. In B. Herpertz-Dahlmann, F. Resch, M. Schulte-Markwort & A. Warnke (Hrsg.), *Entwicklungspsychiatrie: Biopsychologische Grundlagen und die Entwicklung psychischer Störungen* (S. 570–589). Stuttgart: Schattauer.

Werth, R. (2006). Therapie von Lesestörungen durch Erkennen und Beheben der Ursachen. *Ergotherapie & Rehabilitation, 9*, 6–11.

Wieczerkowski, W., Nickel, H., Janowski, A., Fittkau, B. & Rauer, W. (1981). *Angstfragebogen für Schüler (AFS)* (6. Aufl.). Göttingen: Hogrefe.

Wolf, M. & Bowers, P.G. (1999). The double-deficit hypothesis for the developmental dyslexias. *Journal of Educational Psychology, 91*, 415–438.

Zimmermann, P. & Fimm, B. (2002). *Testbatterie zur Aufmerksamkeitsprüfung (TAP)* (2. Aufl.). Herzogenrath: Psytest.

Anhang

Anhang A: Fragebogen zum Erstgespräch

1. Aktuelle Problematik des Kindes	
Beschreibung der Problemlage	
Wie äußert sich die Problematik in der Schule?	
Wie äußert sich die Problematik zu Hause?	

2. Familie	
Geschwister	
Alter, Schulbildung, Beruf der Mutter	
Alter, Schulbildung, Beruf des Vaters	

3. Besonderheiten während der Schwangerschaft	
Gab es Komplikationen während der Schwanger- schaft?	
Gab es Erkrankungen der Kindesmutter?	
Musste die Kindesmutter Medikamente einneh- men?	
War die Kindesmutter psychischen Belastungen ausgesetzt?	
Wie viele Schwangerschaften gab es vor dieser?	
Alkohol-, Nikotin-, Drogenkonsum während der Schwangerschaft?	
Traten die Besonderheiten des Kindes bereits bei anderen Familienmitgliedern auf?	
Sonstiges	

4. Zu den Geburtsumständen des Kindes	
In welcher Schwangerschaftswoche wurde das Kind geboren?	
Wie lang war die Wehendauer?	
Gab es eine Medikation während des Geburtsvorganges?	
Wie war die Geburtslage des Kindes?	
Erfolgte die Geburt spontan oder wurde sie eingeleitet?	
Erfolgte die Entbindung normal oder mit Kaiserschnitt/Zange/Saugglocke?	
Gab es Komplikationen (Atemprobleme, Herz-Kreislaufprobleme, Nabelschnurumschlingung, grünes Fruchtwasser, ungewöhnliche Hautfarbe etc.)?	
Gewicht	
Größe	
Kopfumfang	
APGAR-Wert	
Nabelarterien-pH-Wert	
Sonstiges (U-Heft)	
5. Zur Frühentwicklung des Kindes	
Lagen Ernährungsprobleme vor (Trinkschwäche, Koliken, Durchfälle, besondere Diäten etc.)?	
Wie war das Schlafverhalten (Schreikind)?	
Litt das Kind an Allergien? Welche? Seit wann? Medikation?	
Litt das Kind an Asthma? Seit wann? Medikation?	
Hatte das Kind Pseudo-Krupp-Anfälle? Wie oft? In welchem Alter?	
Gab es Fieberkrämpfe? Wie oft? In welchem Alter?	
Litt das Kind an Mittelohrentzündungen? Wie oft? In welchem Alter?	
Hatte das Kind häufig Infektionskrankheiten? Welche? Wie oft?	

Welche Kinderkrankheiten hatte es bisher? In welchem Alter?	
Wie war der Muskeltonus (schlaff, angespannt, normal)?	

6. Zu den Meilensteinen der kindlichen Entwicklung

In welchem Alter konnte das Kind sitzen?	
In welchem Alter konnte das Kind stehen?	
In welchem Alter konnte das Kind krabbeln?	
In welchem Alter konnte das Kind laufen?	
In welchem Alter konnte das Kind sprechen?	
Gab es Aussprachestörungen (etwa Verwechselung g und k)?	
Gab es Sprachverständnisprobleme (etwa Fabel und Farbe)?	
In welchem Alter wurde die Sauberkeitserziehung abgeschlossen?	
Sonstiges	

7. Zur Kindergartenzeit des Kindes

War das Kind in der Krabbelgruppe?	
In welche Kindergartenform (z. B. ganztags, integrativ) ging das Kind?	
Gab es Auffälligkeiten in der Beziehung zu gleichaltrigen Kindern?	
Gab es Auffälligkeiten in der Beziehung zu Erzieherinnen?	
Gab es Auffälligkeiten in der Beziehung zu den anderen Familienmitgliedern (zu Hause)?	
Zeigte das Kind Vermeidungsverhalten oder Ungeschicklichkeiten bei Anforderungen (z. B. ausschneiden, malen, basteln, bauen mit Lego, puzzeln)?	
Konnte das Kind die Arme kreuzen?	
Konnte das Kind rückwärts gehen?	

8. Zur Schulzeit des Kindes

Wann wurde das Kind eingeschult?	
In welcher Klasse ist es jetzt?	

In welcher Schule (Schulform) ist es jetzt?	
Mit welcher Hand schreibt das Kind?	
Kommt es beim Schreiben zu Auffälligkeiten (Spiegelungen, Klappungen, Rechtschreibung etc.)?	
Wie sind die Leseleistungen des Kindes (z. B. stockend, ohne Sinnentnahme, Buchstabenauslassungen)?	
Hat das Kind die Grundrechenarten gelernt?	
Kommt es zu Hausaufgabenkonflikten?	

9. Neuropsychologische Basisfunktionen

Ist das Kind leicht ablenkbar?	
Reagiert das Kind häufig impulsiv und handelt unüberlegt?	
Ist das Kind auffällig zappelig oder erscheint es antriebsgemindert?	
Kann das Kind auf zwei Dinge gleichzeitig achten bzw. gleichzeitig tun?	
Wie viele Dinge kann sich das Kind merken (z. B. Handlungsanweisungen, Schulweg)?	
Wie viele Lerndurchgänge braucht das Kind, bis es etwas behalten hat?	
Werden Lerninhalte gar nicht, nur kurzfristig oder nur bruchstückhaft erinnert?	
Kann das Kind verlegte Gegenstände wieder finden?	
Kann das Kind allein das Zimmer (sinnvoll) aufräumen?	
Kann das Kind die analoge Uhr lesen?	
Kann sich das Kind selbstständig die Schuhe zu binden?	
Gelingt dem Kind die Einschätzung von Größenverhältnissen?	
Wie gelingt dem Kind die Orientierung im Straßenverkehr?	
Haben die Geschichten des Kindes einen „roten Faden"?	

10. Sonstiges	
Gab es Unfälle oder Stürze mit Kopfbeteiligung? Hat sich das Kind danach erbrochen oder viel geschlafen?	
Gab es Operationen? Wie viele? In welchem Alter?	
Gibt es sonstige körperliche Besonderheiten?	
Gab es ärztliche Untersuchungen (Augen, Ohren, CT, EEG etc.)?	
Bisherige Förder- und/oder Therapiemaßnahmen?	

11. Verhalten	
Leidet das Kind an einem zu geringen Selbstbewusstsein?	
Neigt es zur Selbstüberschätzung?	
Hat das Kind Ein- bzw. Schlafstörungen?	
Hat das Kind ein auffälliges Ernährungsverhalten?	
Reagiert das Kind (in besonderen Situationen) ängstlich oder zieht sich zurück?	
Reagiert das Kind häufig aggressiv bzw. mit Wutausbrüchen?	
Klagt es häufig über Kopf- oder Bauchschmerzen, besonders vor oder nach Leistungsanforderungen?	
Zeigt das Kind bereits eine Schulunlust oder Leistungsvermeidung?	
Äußert das Kind selbst einen Leidensdruck (z. B. „Bin ich zu dumm? Warum schaffe ich das nicht?")?	
Ist das Kind in der Klasse sozial integriert? Hat es Freunde?	
Welche Stärken hat das Kind? Was mögen Sie besonders an Ihrem Kind? Was kann es besonders gut?	
Welche Hobbys (Freizeitaktivitäten) hat Ihr Kind?	

12. Anliegen	
Welche Erkenntnisse und Hilfestellungen erwarten Sie sich durch die Diagnostik?	
Kinderarzt	

Anhang B: Wortlisten

	Liste 1	Liste 2	Liste 3	Liste 4	Liste 5	Liste 6	Liste 7	Liste 8
1	Blume	hohl	satt	Mond	Schule	stinken	Wind	Kiemen
2	Opa	Papa	eng	rot	Obst	stehen	Kreide	lieb
3	nah	Watte	Wunde	Ehe	Frau	Wurm	sieben	zeichnen
4	rollen	finden	hart	fangen	ist	Faust	Eis	leise
5	sehen	gehen	Salat	Mittag	Wurst	kochen	reif	Mai
6	Tasse	nass	Mund	baden	Post	Mast	heiser	teilen
7	kahl	froh	Zug	Nacht	Stamm	statt	liegen	schimmeln
8	kommen	Abfall	Onkel	Ende	kaufen	Amsel	Feind	klein
9	Torte	werden	Bett	legen	Zahn	Schale	reich	Tier
10	Ampel	bellen	Dose	Gabel	lernen	Rose	blind	frei
11	zahm	heben	Essen	Wald	toll	Stall	dreist	Lied
12	sollen	Bagger	kleben	Oper	Schere	Loch	dein	meinen
13	Wasser	raten	Brot	Pappe	Stab	Hamster	Stein	steigen
14	Huhn	trennen	regnen	Licht	Tisch	sprechen	fein	dichten
15	Name	Uhr	mild	gelb	stur	springen	beide	Brei
16	fahren	offen	sagen	Feder	glauben	Gast	Eimer	spielen
17	klettern	Oma	dumm	halten	Hund	Dach	schreien	breit
18	Esel	nennen	bunt	knapp	Stern	Nest	kriegen	wild
19	kennen	dehnen	ihn	Mutter	machen	husten	rein	Freitag
20	Messer	Teller	Berg	Hand	merken	umsonst	Geige	Sohle
21	geben	Hahn	lesen	fit	Kiste	Samstag	niesen	Biene
22	Haus	roh	Lampe	lang	rund	gut	weich	zeigen
23	Nonne	Sonne	Kind	Heft	sonst	lachen	Leiter	Birne
24	malen	Wolle	reden	Suppe	kalt	Schrift	Fliege	Fisch
25	Affe	Kuh	Rand	singen	Buch	Gespenst	bitter	weit

	Liste 9	Liste 10	Liste 11	Liste 12	Liste 13	Liste 14	Liste 15	Liste 16
1	Geld	Hecke	mutig	riesig	setzen	weiß	Kopf	Pflanze
2	trocken	Ekel	kernig	melden	tanzen	jetzt	tapfer	Hafen
3	zanken	welk	ehrlich	wellig	heiß	Gans	fern	farbig
4	Decke	nicken	Bein	fliegen	Kranz	petzen	stopfen	Schloss
5	Kugel	Regel	unter	winzig	flach	Spaß	Zaun	Strumpf
6	trinken	Stock	richtig	sehr	sechs	groß	eitel	Brief
7	Zucker	Locke	alt	Zeit	Abgas	faul	sanft	oder
8	laufen	Hunger	lustig	drucken	trotz	trotzig	Dampf	Fleiß
9	Balkon	Sack	Weg	sonnig	Band	echt	Essig	schattig
10	Wolke	Schreck	zum	billig	Zunge	kurz	Sand	heute
11	danken	Park	artig	zittrig	flitzen	sitzen	Fahne	Reifen
12	necken	Backe	Neffe	Insel	Sprache	Bruder	Pfeffer	Gefahr
13	bekannt	jucken	dreckig	zerren	Schuh	irren	Tafel	zupfen
14	wackeln	dick	Motor	wolkig	Klotz	Nadel	sie	tanken
15	Farbe	stark	bergig	jung	hoch	putzig	Flaschen	Tropfen
16	Paket	gackern	rudern	Daumen	nach	Arzt	Herz	freuen
17	schmecken	Garten	eher	fleckig	schwitzen	niedrig	krumm	frech
18	schlucken	schrecklich	Wiese	Tunnel	Katze	Fuß	schreiben	Pfanne
19	Boden	spucken	ulkig	Baum	allein	Benzin	feucht	scharf
20	Speck	nuckeln	Feind	hungrig	fest	laut	schimpfen	Fluss
21	Fabrik	knacken	wenig	wohnlich	spitz	drehen	Figur	Ente
22	gucken	Jacke	rostig	Rad	schmeißen	außer	Butter	dumpf
23	Insekt	kentern	kindlich	neblig	Netze	Glatzen	Anruf	Falle
24	blicken	Geschmack	wach	drollig	Komplize	putzen	wohnen	Knopf
25	arm	Ecke	sandig	weiblich	spaßig	Straße	fegen	pfiffig

	Liste 17	Liste 18	Liste 19	Liste 20	Liste 21	Liste 22	Liste 23	Liste 24
1	Löwe	Säge	Schnee	Allee	Vater	viel	Qualle	quer
2	mögen	Felsen	zart	Tor	vor	tauschen	früher	Quartett
3	Säule	lügen	strömen	Beere	doppelt	Nerven	braun	Nagel
4	pressen	Flöte	Haare	ihr	fein	Zufall	blau	quieken
5	schießen	bücken	Biest	Paar	verkehrt	Vase	quaken	Winter
6	zählen	Käse	Kaffee	spülen	rau	schwimmen	Gras	Sommer
7	König	dürfen	Schluss	kalt	ärgern	Ventil	Schaufel	Qualm
8	Mäuse	Pech	Saat	Moor	flink	Schaf	Quatsch	hier
9	hören	Bär	Tee	Saal	Verstand	fehlen	suchen	quälen
10	kühl	mähen	retten	schütteln	Gewicht	verhext	quasseln	stumpf
11	Leder	Mücke	Aal	Fee	Klavier	Tante	knallen	dürr
12	dünn	Löcher	Idee	Kerze	fließen	Versteck	quietschen	warten
13	hängen	kräftig	Hut	kein	Verrat	Wäsche	Karte	quirlig
14	treu	fleißig	schaffen	eisern	Land	Fischer	atmen	Mantel
15	kämpfen	zäh	Boot	Armee	feiern	kurvig	streichen	quengeln
16	lästig	melken	Honig	acht	brav	Verbot	loben	Laden
17	schön	Dieb	töpfern	See	Vene	Scheibe	bequem	brennen
18	Müsli	Bäcker	Klee	Zoo	Tür	Ufer	turnen	albern
19	Lücke	Mehl	tüchtig	blond	wetten	voll	Eltern	quitt
20	nähen	Käfer	Staat	Waage	einfach	flunkern	gütig	grau
21	böse	Perle	Heer	sammeln	nervös	Vogel	ohne	Quiz
22	flüssig	schätzen	streiten	doof	Verse	Bauch	leer	Haufen
23	Räuber	fünf	Rasen	warm	heißen	clever	Anfang	quatschen
24	Pelz	pflücken	Beet	schwarz	folgen	verdutzt	zügig	hübsch
25	süß	gähnen	März	Speer	aktiv	völlig	Quark	Krawatte

	Liste 25	Liste 26	Liste 27	Liste 28	Liste 29	Liste 30	Liste 31	Liste 32
1	Meer	Land	dann	aus	Ton	Spruch	Alltag	Unrecht
2	uns	greifen	Bach	Zopf	sich	ballern	Länder	fühlen
3	Finger	wachsen	Haut	Jolle	Fässer	schaukeln	falls	Vokal
4	kauen	Nase	Datum	Tochter	schneiden	drohen	brutzeln	fremd
5	Wetter	wann	Regal	finden	Büchse	grinsen	Dachs	blöken
6	jagen	Lunge	pellen	Markt	keifen	füllen	geheim	letzter
7	leben	krank	Zeichen	salzig	Kalb	im	pflanzen	rächen
8	neu	Echo	säubern	Fuchs	sauer	landen	Klasse	Galopp
9	Lager	aber	lutschen	zum	bürsten	pelzig	bis	mäkeln
10	kehren	Igel	Gebiet	Rabe	euch	klirren	Blei	Quelle
11	Tuch	günstig	mit	hinken	zackig	Wiesel	gaffen	reiben
12	Narbe	lila	Juni	drängeln	träge	zwingen	flapsig	sputen
13	hat	neben	rauchen	tragen	Zweig	Bad	alles	jodeln
14	Lehne	Dame	weinen	fischen	schminken	wedeln	was	Advent
15	grün	welcher	Häuser	Ratten	April	stolz	Typ	giftig
16	blumig	tragen	Truhe	Beule	dunkel	Luchs	stets	Herd
17	weise	Ober	teuer	unser	Inhalt	kippen	immer	besser
18	Augen	grübeln	Kern	wegen	düster	naschen	klug	abseits
19	tippen	sicher	Alarm	brauchen	Rezept	seit	ihm	Sträucher
20	Junge	Knoten	ratlos	jammern	Tiger	Himmel	bissig	pauken
21	gegen	Mann	wir	kariert	reisen	kitzeln	Eiche	schrill
22	windig	Ort	Fotos	dir	bleiben	Datei	schließen	massig
23	Hose	übel	zögern	schluchzen	zwar	mir	Kristall	wieso
24	pink	dafür	Erbsen	Hai	Trumpf	bräunen	brüllen	Hobby
25	jubeln	tief	Adler	dem	orange	Saft	drahtig	früh

	Liste 33	Liste 34	Liste 35	Liste 36	Liste 37	Liste 38	Liste 39	Liste 40
1	Püree	eifrig	grüßen	Narren	neun	rühren	oben	Zensur
2	siegen	Wahlen	Ausweis	flehen	Ruder	Cent	Füller	doch
3	jaulen	neidisch	den	Pony	kürzen	schlecht	schwierig	Mitleid
4	Silber	trocknen	verzieh	staubig	Effekt	sahnig	Umweg	Luxus
5	Quadrat	Flagge	Gepäck	spritzen	nur	Hülse	Schach	dringend
6	führen	müßig	fesseln	schleifen	rosig	Erde	tönen	euer
7	Clown	Aas	zur	warnen	wobei	Ohren	er	schräg
8	Welpe	Strauß	nutzen	dösen	Ballon	dribbeln	Seiten	Dogge
9	spießig	Fasan	Ansicht	Abend	zaghaft	als	Niere	Tusche
10	kleiden	schlüpfen	Pilz	beißen	Ebbe	schnell	täglich	Rücken
11	sowohl	Flut	ewig	Leute	Höhle	sondern	schweben	Pulver
12	Spinne	Möbel	perfekt	dort	Platz	Chemie	einer	weder
13	kritzeln	auf	würzen	eckig	über	etwas	Baby	falsch
14	Karos	obwohl	bald	Euro	Iglu	Tandem	genau	Robben
15	ölig	Haare	schlafen	lächeln	kitschig	neutral	Jahre	grimmig
16	Acker	mächtig	selten	Viech	tot	Absatz	brutal	pinseln
17	heftig	zwicken	Bronze	Mars	treten	dämlich	womit	kremig
18	kriechen	Nudeln	Pfahl	so	modern	Montag	starr	Ferien
19	gleich	Gold	Löffel	küssen	zu	Puppe	Haken	Rost
20	Oase	schätzt	scheinen	du	Schal	raus	Dom	zentral
21	rätseln	Karpfen	zielen	Olive	plaudern	auch	surren	es
22	Nuss	Spitze	Knödel	heiter	lieben	schmutzig	pfeifen	Einfall
23	passiv	Höhe	Bündnis	deutsch	schlottern	Biber	Zoff	ledig
24	Zimmer	Magnet	käsig	um	also	Schuss	Tupfen	Stängel
25	hüpfen	Zement	da	noch	reizend	bei	Gurke	ich

	Liste 41	Liste 42	Liste 43	Liste 44	Liste 45	Liste 46	Liste 47	Liste 48
1	Gedicht	Zebra	barfuß	Veilchen	planlos	Dienstag	vorsichtig	Quittung
2	Pumpe	Kekse	leuchten	daher	Vorhang	aufessen	Ameise	zimperlich
3	Ozon	sein	Nuckel	fleischig	kribbelig	müssen	mütterlich	Wohnzimmer
4	griffig	platzen	wirklich	Luft	Nahrung	adelig	weiter	freundlich
5	Arbeit	flott	Dreieck	ölen	Indianer	Tomaten	lauwarm	Pudding
6	fassen	Euter	Topf	traben	vergessen	tierisch	Menschen	mühsam
7	Otter	modisch	ähnlich	Mittwoch	dazu	Gestank	erinnern	während
8	hektisch	Fenster	Übung	Torwart	anstecken	Flugzeug	Kleinkind	können
9	langsam	Joghurts	querbeet	Koloss	Gedanken	Giraffe	Fahrrad	radieren
10	öffnen	Dürre	Abschied	blank	anziehen	vorführen	Beispiel	Bahnhof
11	baumeln	Harz	Ringe	Unglück	nützlich	Sonntag	Prellung	hinter
12	munter	stellen	schnauben	zollfrei	gerecht	ekelhaft	schon	Mannschaft
13	schuldig	graben	rufen	künstlich	Diktat	treffen	antworten	wörtlich
14	Freund	Schlüssel	Pfirsich	zierlich	sportlich	Frühling	verletzlich	Gefieder
15	kürzlich	zittern	normal	rennen	helfen	Päckchen	Häuptling	Einfahrt
16	Drähte	Problem	künftig	sachlich	Adern	mich	staatlich	gründlich
17	damit	lauern	Größe	Mädchen	Safari	kugelig	Zauberer	trotzdem
18	wenn	Bezirk	waschen	niemals	frisch	Narkose	Kabine	Polizist
19	Musik	außen	murmeln	kichern	Radio	erleben	basteln	Februar
20	leicht	Dutt	Fähre	trostlos	Bäume	ängstlich	Medizin	wo
21	Filter	Pause	Kaiser	beige	lassen	Januar	pflanzlich	berühmt
22	Küste	Empfang	Ostsee	komisch	Gestrüpp	nicht	Hochzeit	Oktober
23	fix	Wälder	vielmehr	hiermit	intelligent	vorüber	Zitrone	bauen
24	uralt	direkt	Pflicht	Schwanz	beachten	Kamerad	glatt	väterlich
25	braten	Vordach	glücklich	wertvoll	arbeiten	Rettung	bescheiden	Diskussion

	Liste 49	Liste 50	Liste 51	Liste 52	Liste 53	Liste 54	Liste 55	Liste 56
1	demnächst	preiswert	Brombeere	Strohhalm	kratzen	luftig	Offenheit	teilweise
2	erklären	kampieren	fernsehen	verrechnen	einsam	Oberhaupt	Gang	speziell
3	beleidigt	mühselig	besitzen	tatsächlich	Abenteuer	Firma	entwickeln	verkleiden
4	sinnvoll	beinahe	tauchen	verdächtig	vorlesen	schmausen	feierlich	klingen
5	garnieren	Geburtstag	vergesslich	Kinder	überfallen	Gefängnis	verbeugen	nähern
6	Bräutigam	Juwelen	entschließen	Kaninchen	verstehen	riskant	genießen	Geschirr
7	entdecken	gefährlich	ritterlich	schwingen	senkrecht	umziehen	vertreiben	vertrauen
8	hinstellen	umrahmen	lallen	spöttisch	Fräulein	logisch	elastisch	lehmig
9	Apparat	Lavendel	hell	Melone	abnehmen	passieren	zähflüssig	boxen
10	Schutzengel	Sprachbuch	zukünftig	reglos	einsperren	geizig	innerhalb	handlich
11	Industrie	kapieren	Wanderung	pünktlich	berühren	beherrschen	rekeln	wünschen
12	Vanille	Unterschied	viereckig	Ananas	friedlich	umkippen	Festhalle	Kastanien
13	nächste	ärgerlich	wählerisch	bezahlen	haben	fragen	öffentlich	rasieren
14	fröhlich	strubbelig	Ehrlichkeit	Sprichwort	technisch	aktuell	Landschaft	Hammer
15	Mitglieder	still	Werkstatt	zufällig	melodisch	umbinden	beeilen	bemerken
16	Handtuch	menschlich	natürlich	denken	kämmen	spendieren	mehrfach	religiös
17	traurig	Raumfahrt	schweigsam	gemütlich	nachfragen	Jugend	behandeln	entsetzlich
18	praktisch	bringen	schmerzhaft	jedoch	persönlich	kombinieren	originell	rutschen
19	halbieren	darstellen	Korken	Hauptstadt	Ohrfeige	erstaunt	respektlos	unterhalten
20	huldigen	Automat	bestrafen	verknoten	zerreißen	merkwürdig	abschneiden	fett
21	spät	zerbrechlich	waghalsig	sparsam	spannend	Geflügel	Blattlaus	verzaubern
22	Adressen	schüchtern	Präsident	lebendig	entscheiden	ruhig	erzählen	Girlanden
23	bedenken	tadellos	ordnen	befehlen	sortieren	vorschlagen	aufrichtig	notwendig
24	Erklärung	vertragen	brabbeln	dadurch	Programm	ablehnen	schlimm	quadratisch
25	einladen	feindlich	samtweich	Vorstellung	interessieren	Juwelier	gebrauchen	anfangen

	Liste 57	Liste 58	Liste 59	Liste 60	Liste 61	Liste 62	Liste 63	Liste 64
1	dramatisch	nacheilen	Haltestellen	nummerieren	beginnen	Regenschirm	durchsichtig	Schokolade
2	schmal	Dirigent	aushändigen	einnehmen	Information	Feuerwehr	wegnehmen	hört
3	reparieren	Neumond	Klippen	unübertrefflich	reservieren	aufpassen	Albatros	Quartal
4	vergleichen	für	anrufen	abwaschen	entschuldigen	Komma	Dezember	unterrichten
5	neugierig	einfädeln	Niederlage	errichten	September	nachmachen	anders	Rechnungen
6	einkaufen	Krankheit	medizinisch	verräterisch	wechselhaft	überreden	konzentrieren	Neuigkeit
7	Kalender	weswegen	regnerisch	selbstverständlich	ausschneiden	Interessen	gesehen	unterstreichen
8	möchten	korrekt	Verkäuferin	metallisch	eifersüchtig	verlieren	zielstrebig	gelingen
9	Rempelei	installieren	olympisch	gegenüber	deswegen	Spülmaschine	Kartoffeln	gekauft
10	überlegen	müde	selbständig	nebenan	gewinnen	Baron	Drogerie	mitmachen
11	beenden	appetitlich	nämlich	Jeanshose	voraus	verabschieden	ertragen	Alligator
12	anschnallen	hampeln	überzeugen	Vogelfutter	Eigenschaft	erlauben	immerhin	kontrollieren
13	endlos	Qualifikation	Eisenbahn	gefallen	ihrerseits	Oberfläche	Surfbrett	Leoparden
14	Weihnachten	Schmetterling	optimal	entweder	problematisch	unterschiedlich	multiplizieren	kleiner
15	Eigelb	ordentlich	weshalb	langweilig	typisch	Postamt	fordern	Hyäne
16	aufzählen	muskulös	Durchschnitt	Pulsschlag	Entschädigung	hinaus	ahnst	Reagenzglas
17	Staub	abstreiten	mein	dagegen	saufen	konzentrieren	Bilder	eindämmen
18	umblättern	wahr	nachher	krümelig	Wohnung	wachen	reibungslos	musikalisch
19	verändern	Pollen	behaupten	Frühjahrstag	fotografieren	Lokomotive	Wellensittich	macht
20	einbrechen	bekommen	Gesundheit	verzeihen	trainieren	pessimistisch	Akkordeon	Lineal
21	Student	vorbildlich	einfallen	optimistisch	besuchen	bin	andächtig	Johannisbeere
22	höflich	November	Kellnerin	sorgfältig	waagerecht	märchenhaft	regelmäßig	applaudieren
23	Limetten	Radiergummi	nachahmen	unverantwortlich	Kuchen	derselbe	angefasst	vorbeikommen
24	aufregen	kantig	Gesichter	ehrgeizig	Maschinen	Punkte	Fußballspiel	war
25	Nektarine	erröten	diesmal	Meerschweinchen	Kosmetik	Forelle	diejenige	Glühbirnen

	Liste 65	Liste 66	Liste 67	Liste 68	Liste 69	Liste 70	Liste 71	Liste 72
1	Paprikaschote	braucht	gespendet	Bizeps	Abendbrot	ziemlich	Stiefmütterchen	gestern
2	Lindenallee	beanspruchen	Verkehrsstau	seinem	Blitzlicht	Fertiggericht	Zehenspitzen	Violine
3	balanciert	genossen	ländlich	geschaukelt	nebensächlich	Nussknacker	amtlich	haarsträubend
4	Allergie	gestampft	streiche	Fußgängerampel	rührst	angebrüllt	trägt	Zwillingspaar
5	gekocht	gefunden	Heuschrecke	Zahnspange	Pferdeschlitten	gestochen	Kniebeuge	springt
6	Anorak	Bedienung	verzieh	stiehlst	dünner	Staubsauger	Alarmglocken	unbequem
7	Zentimeter	klirrt	Aktentasche	Überzeugung	Flitzebogen	sticht	Grippevirus	schnaufen
8	absolut	Strumpfhose	schreibt	kälter	aß	Verzeihung	zitterst	sitzt
9	neuen	lädst	Baracke	Regenschauer	sternförmig	operiert	Sonnenschein	Spielverderber
10	überlistete	Stichwort	Schwimmbecken	anerkennen	behandelt	Wattenmeer	olivgrün	verschnupft
11	gelaufen	Polizeieinsatz	vitaminreich	Containerschiff	Zimmerantenne	zwischen	strampelt	erstklassig
12	alarmierst	gekünstelt	fliegt	gebrochen	springt	Schatzsuche	Drahtesel	Cornflakes
13	Skorpion	entführen	organisierst	pausenlos	Toilette	vorsingen	knurrt	Besserwisser
14	geschwind	Impfstoff	Liegestuhl	Kreissäge	schwabbelig	stank	Schlagsahne	hasste
15	verschätzen	scherzhaft	Kursabweichung	Speisekarte	gewinnt	Türschloss	plötzlich	genauso
16	Fixstern	Dschungel	verharmlosen	beginnt	Lampenfieber	bisschen	marschiert	Frotteehandtuch
17	undeutlich	Computerspiel	dicker	Dolmetscher	unermüdlich	Gelee	tollkühn	abgebissen
18	kurzer	Sonnencreme	Achillessehne	plapperst	zischt	übertrieben	Rosenbeet	geschenkt
19	Poesiealbum	Adoptiveltern	schenkst	Silvester	Handrücken	Minuten	wissenswert	Sternschnuppe
20	Nachtigall	Häuserblock	festschnallen	parfümieren	furchtlos	erkannt	Blumenzwiebel	maskiert
21	zublinzeln	härter	steht	ungefähr	mickrig	Stadtrundfahrt	träumt	Abwechselung
22	geschneit	schluckt	geflohen	spielt	Zeitlupe	verkohlt	Rucksack	geschrieben
23	entspannt	gehetzt	Dieselantrieb	skandalös	Matrosen	spindeldürr	hörbar	Mathematik
24	Heiligabend	schreit	gehören	Flammen	verriegeln	gräbt	heimtückisch	dunkelhaarig
25	Marathonlauf	Schiedsrichter	Kleeblatt	bitterkalt	Himbeere	Schneeflocken	bleibt	riss

	Liste 73	Liste 74	Liste 75	Liste 76	Liste 77	Liste 78	Liste 79	Liste 80
1	rückwärts	unbedingt	verschmutzt	wiederholen	Kupplung	Wirbelsäule	zieht	getrunken
2	Pusteblume	warnten	Hängematte	Sonderangebot	abstammen	verstopft	Löwenzahn	Trillerpfeife
3	schönsten	Kaffeemaschine	beansprucht	rollt	Nacherzählung	Ohrringe	verträumt	Elektrizität
4	handgreiflich	schaut	fürchterlich	nachträglich	oberflächlich	vorgespannt	Nasenbluten	Nummer
5	Viertelstunde	Flimmerkiste	Spinnennetz	kontrolliert	zankt	geschuftet	kämmt	durchaus
6	Zwischenlandung	normalerweise	drüben	versteht	getuschelt	Sommersprossen	kompliziert	Mundharmonika
7	isst	Unpünktlichkeit	Zucchini	Streichholz	Fußgängerzone	entschließt	Verkehrszeichen	kurieren
8	Mettwurst	Rotkohl	Omnibus	Freundschaftsband	verrätst	Spiegelschrift	ohnmächtig	fällt
9	Gitarre	willst	Drückeberger	sortiert	stampft	Kartoffelchips	Streuselkuchen	Pförtner
10	vorbeigebracht	sowieso	winkt	erschrocken	Hintergrund	ausgestreckten	überredet	Sprossenwand
11	gibt	verborgen	spionierst	Dummkopf	kerzengerade	verwöhnt	grüßt	achselzuckend
12	hundertmal	Hellseherin	besonnen	tropfnass	quiekt	erfrieren	Mülldeponie	bestimmt
13	Omeletts	glaubst	geprahlt	Möglichkeit	unterscheiden	schnappen	schubsen	geärgert
14	sank	Dompteur	Currywurst	empfahl	Windschutzscheibe	Medizinball	Erwachsene	fluchtartig
15	Sklaven	augenblicklich	geschummelt	klatscht	Energie	lebensgefährlich	rechtzeitig	Boxring
16	schusselig	Abkürzung	schließt	Abenteuerspielplatz	nennt	Truthahn	trödelt	gequält
17	Bahnschranke	geübt	Zwetschgen	schöpfst	hergestellt	Rechtschreibung	versprochen	Halunke
18	gemeinschaftlich	idiotensicher	zögerst	Versandhaus	gesummt	krallt	niest	niederknien
19	Schluck	zuverlässig	Sicherheitsgurt	schlägt	Müllabfuhr	studieren	Bürgermeister	hustest
20	verirrt	Karussell	Überschwemmung	unverschämt	gekitzelt	trüb	Zirkeltraining	Körpertemperatur
21	Bakterien	frische	Kühlschrank	Umweltverschmutzung	stärkt	Gänsemarsch	Quecksilber	zweckmäßig
22	heilbar	abgemeldet	Selbstbedienung	rabenschwarz	herbstlich	wäscht	bäckt	spottete
23	Düsenflugzeug	Marionette	fährt	blinkt	Entspannungsübung	hingesetzt	Abfallbeseitigung	gehässig
24	unausgeschlafen	mischt	liebt	Campingplatz	veräppeln	hilfsbereit	herrschaftlich	Bohnenstange
25	widersprichst	bewies	Windpocken	Perücke	Wetterbericht	Kleinigkeit	Reizverschluss	besichtigen

	Liste 81	Liste 82	Liste 83	Liste 84	Liste 85	Liste 86	Liste 87
1	abenteuerlich	Akrobaten	Reklame	Wiesenblume	Leuchtturm	Restaurant	Volleyball
2	Nachzügler	Spannung	Kuhfladen	Makkaroni	Anfänger	Windmühle	jemand
3	Splitter	festgehalten	absichtlich	literweise	zuwinken	Bart	Musikinstrument
4	heilfroh	schwindelfrei	Scherzartikel	Unterricht	massiv	innerlich	fortschrittlich
5	Gefangenschaft	quakt	Kochrezept	sendest	Teesieb	verleihen	überwinden
6	knallt	Kassettenrekorder	gezwungen	Hubschrauber	hochgehoben	Guckloch	Gipfel
7	Majonäse	Durchmesser	Treppe	Zahnputzbecher	Lehrerin	entlässt	ausprobieren
8	Halskette	Marienkäfer	Aquarium	wohl	Bauchweh	mehrdeutig	Entschuldigung
9	geflossen	allerhand	Brennnessel	fristlos	Kassenzettel	flüstern	Wagenheber
10	vorbereitet	abzweigen	wiegst	nirgendwo	kämpfte	Lawine	verseucht
11	Tierhaltung	besprüht	Fußsohle	zurück	dickflüssig	heimzahlen	extra
12	angezogen	Tropfsteinhöhle	vermeidbar	Schlechtwetterfront	Bussard	Scheibenwischer	Dieselmotor
13	Planschbecken	Apfelstrudel	melkt	Diamantenring	fressen	Linkshänder	Wolldecke
14	versteckt	Gartenzwerg	Rechtsanwältin	entrümpeln	Fellmütze	Grund	Lehrling
15	riechst	aufgeweckt	haftbar	kunterbunt	steigern	krempelst	steil
16	Ententeich	Kehlkopf	kniff	Nachtwächter	Limonade	fremdartig	erledigen
17	verhandeln	eigentlich	beweisbar	Stück	kümmerlich	Frostschutzmittel	geflattert
18	dampft	Reifenpanne	Pfefferstreuer	Fitnessstudio	Nadelöhr	schlagartig	wohltuend
19	vorbeibringen	Betäubung	Donnerstag	Strandkorb	sterben	diebisch	vorschriftsmäßig
20	selbst	vorgestern	allerdings	frühmorgens	Frikadellen	Nachbarn	pudelwohl
21	Staatsbürger	Kartoffelstampfer	Hafenstadt	hintereinander	klingelst	Lippenstift	Inhaltsverzeichnis
22	Wackelkontakt	beinhalten	Gesträuch	Schwiegereltern	schwerhörig	Reißzwecke	raucht
23	verabscheuen	Riesenslalom	stahl	stürmen	Fischstäbchen	hochnäsig	Notizblock
24	unklug	bedingungslos	wählen	Fremdsprache	Tränen	Wochenende	Fotokopie
25	andernfalls	Aprilscherz	Ballett	ungeduldig	Kraftfahrzeug	netten	Einbahnstraße

	Liste 88	Liste 89	Liste 90	Liste 91	Liste 92	Liste 93	Liste 94
1	Schwimmflossen	Mückenstich	Kugelschreiber	aussäen	Kohlen	Friedenspfeife	Radfahrer
2	baufällig	Spaghetti	tröpfeln	Mullbinde	schilderst	Adjektiv	verbogen
3	Zahlenkombination	Freudensprung	vollständig	wanderst	abgefahren	einräumen	gebacken
4	stattdessen	Kissen	Jalousie	übersichtlich	schöpfen	Mittelpunkt	abgerundet
5	Grapefruit	spätestens	voraussichtlich	Kräfte	Blumenvase	Text	lautlos
6	sperrangelweit	Jogginganzug	Gegend	Verzierung	gewissenhaft	Quizfrage	verletzt
7	drücken	türkis	Zehnerkarte	faulenzen	aufgeräumt	bestellt	abstürzen
8	mulmig	wahrsagen	einheitlich	Wette	Höflichkeit	schmeckst	Gesellschaft
9	Kaffee	Voraussetzung	Wäscheleine	Spitzname	Innenstadt	rundlich	verschleudern
10	unmöglich	bändigen	Rollläden	griesgrämig	übersetzt	Wochenendhaus	Kilogramm
11	wutschnaubend	zitterten	Hochstapler	neulich	wissbegierig	leuchtet	unfassbar
12	Glückspilz	kreidebleich	Fluss	Schlagzeile	Backenzahn	einsammeln	Verbotsschild
13	Zeichentrickfilm	hexen	klatschnass	Kuckucksuhr	umgekehrt	Teetasse	beißt
14	gebadet	Aprikose	gerieben	jahrelang	klopfen	Verkehrsinsel	Hausaufgaben
15	angewandt	ihretwegen	nebeneinander	streicheln	Schuhsohle	Wiederholung	Saftpresse
16	Firmengründung	blickt	Lexikon	geschwitzt	scheußlich	Leckerbissen	fröhliches
17	schlief	Hindernisse	jongliert	boshaft	Mittagessen	abkürzen	Taschenuhr
18	ehrenamtlich	Axt	Nichtsnutz	Kammerjäger	bevor	Gegenteil	aufräumen
19	Knusperhäuschen	öffnest	packen	möglicherweise	Reisepässe	Käfig	Viehherde
20	Stühle	purzelst	Faustregel	glitzern	Türrahmen	ermahnen	Telefonbuch
21	spiegelglatt	Rekordzeit	insgesamt	ersticken	Kleidung	Krieg	Goldmünze
22	Hals	Viehzucht	Tümpel	wahnsinnig	Übungswörter	endgültig	Wut
23	glimpflich	blitzschnell	schimmert	parken	weggerannt	Kette	durchsieben
24	Wohnmobil	Hydranten	flicken	hoffentlich	Versammlung	Druckfehler	beschützen
25	Knäckebrot	automatisch	Spaziergang	Wattebausch	Kaiserschmarren	essbar	Kissenbezug

	Liste 95	Liste 96	Liste 97	Liste 98	Liste 99	Liste 100	Liste 101
1	Glückszahl	Wettkampf	aufspüren	Blümchen	Glücksbringer	Antilope	abgekühlt
2	wunderschön	anspruchsvoll	impfen	pudelnass	gefräßig	Pfeffermühle	Meerjungfrau
3	Schokoladenriegel	Erfahrungen	zerreißbar	Glätte	Pferdestärken	geknurrt	verehren
4	gerettet	begegnet	Sprechstunde	eigentümlich	links	Reißwolf	felsenfest
5	Teppich	felsig	Finderlohn	herauspicken	anschaulich	Mut	Schattenspiel
6	geläutet	verträgt	Schnappschuss	Blindschleiche	Schlangenbiss	Beinbruch	Pfennige
7	verzwickt	Fersengeld	fensterlos	wechseln	Fleischwolf	Frechdachs	abends
8	Stinktier	bärenstark	Plastiktüte	Müdigkeit	aufgeregt	pflegt	überraschen
9	angeln	Großeltern	riechen	begonnen	Gartenpforte	Gesichtsmaske	schicken
10	verstaucht	Quälgeist	befördern	zog	beliebt	einigermaßen	Kofferraum
11	Praxis	heulen	Geheimsprache	Turteltaube	schenkte	schätzt	Rohrbruch
12	Verbesserungen	entgegen	Zettel	bloßem	Fernsehprogramm	Pulverschnee	biegt
13	beabsichtigen	Heulsuse	faszinierend	Pfützen	Elektroherd	Schulprojekt	Wüstenmaus
14	abwegig	Schlitten	Faultier	spurlos	herauskommen	Kirchenorgel	siegreich
15	stimmt	schlug	abbeißen	Rasierpinsel	Draht	naschst	Räuberbande
16	Schuljahr	empfängt	Heiserkeit	Klobrille	sprachlos	Jahreszeiten	ernährt
17	durstigen	Teekesselchen	verschieden	anzetteln	abkriegen	billigen	Plattenspieler
18	Vulkan	verfeinern	Gewitter	wurmstichig	beruhigen	abermals	geschützt
19	Sprücheklopfer	Ohrwurm	widersprüchlich	Siebenschläfer	Pleitegeier	Theaterprobe	beschatten
20	geputzt	Seestern	starrköpfig	hellblaue	stand	Dreck	geöffnet
21	abgewehrt	schieben	Baustelle	Zeitungsente	faulig	gemundet	entleerst
22	Vollkornbrot	Himmelfahrt	Prüfung	Ringelnatter	Spiegeleier	Buchstaben	bluten
23	Teddybär	stadtbekannt	Zimmerschlüssel	schwieg	eingebildet	zusammenknoten	Kohlmeise
24	abwärts	freisprechen	goss	Seehund	holprig	gratulieren	gebeichtet
25	Ziellinie	Wasserschildkröte	Klapperstorch	Brotkrümel	Wärme	Plätzchen	Glühwürmchen

	Liste 102	Liste 103	Liste 104	Liste 105	Liste 106	Liste 107	Liste 108
1	Willkommen	Renovierung	wackelig	herumtollen	Heizung	Notenständer	erwägen
2	Weltraum	Präriewolf	Enkeltochter	Rosinenbrot	Kontrabass	geklebt	Rückenwind
3	Buckelwal	schiebt	Anrufbeantworter	währenddessen	Tollpatsch	Zebrastreifen	würdevoll
4	trinkt	Nahrungsmittel	Traum	bedeutend	geworden	wachsam	belustigen
5	gewusst	blieb	zwischenlanden	Kreuzung	inzwischen	ernstlich	Luftballon
6	redete	Federkernmatratze	Konzertflügel	gewann	Blatt	flockig	umkreist
7	frieren	rostrot	Heimsieg	Quark	erlebnisreich	behütet	Ohrläppchen
8	Filmplakat	Kleidermotte	Bilderrahmen	Pfeifton	hineinzwängen	Gruppe	Frühaufsteher
9	rastlos	vertiefen	heizen	wetterfest	Kopfkissen	Heimweh	Hoffnung
10	Erfolg	Mickymaus	widerspenstig	Rennwagen	verschwinden	Tiefkühlfach	allgemein
11	Kompassnadel	schwächer	eimerweise	schwatzen	Platzregen	Nutzpflanze	Bumerang
12	Götterspeise	hinlegen	verhält	Lebewesen	Rauchverbot	wehmütig	proppenvoll
13	aufstampfen	Einsiedlerkrebs	Faxgerät	widersprechen	gelenkig	fällst	buddeln
14	Schmutz	Rolltreppe	Wolkenkratzer	angesichts	zuflüstern	gewirkt	fallen
15	Nachrichtensprecher	niedlicher	humorvoll	Leseratte	Rostbratwurst	Bösewicht	Schüttelfrost
16	Walross	Geheimnis	Tippfehler	Hemd	webst	Ferienlager	Rechtshänderin
17	übermüdet	zumauern	beschenken	verübeln	Meinung	Glasscherbe	anscheinend
18	Pyjama	Lawinengefahr	wirkungsvoll	gewagt	schwächlich	kreuzen	Ruderboot
19	eigenartig	belohnt	berücksichtigen	Kohlensäure	Lidschatten	überprüfen	hält
20	gesammelt	Mehlwurm	gesellschaftlich	wiegt	Putzmittel	Wachhund	Bruchlandung
21	Lungenentzündung	Querflöte	Nudelsuppe	Thunfisch	Tischtennis	aufgeschüttet	Ansichtskarte
22	Fliegenpilz	gelehrig	Fensterscheibe	Erdnuss	Schauergeschichte	passen	rechthaberisch
23	Hosentasche	kranke	verlegt	meinetwegen	Nachwuchs	überholen	bröckeln
24	gesprungen	Rockmusik	unweigerlich	Schaufelbagger	belohnen	beeindrucken	verschlimmert
25	Kleid	leckerer	Kuscheltier	erstauntes	Wunderkerze	Purzelbaum	Gewächshaus

	Liste 109	Liste 110	Liste 111	Liste 112	Liste 113	Liste 114	Liste 115
1	wunderbar	fühlt	Gelächter	Detektiv	erholsam	Spukschloss	Spürhund
2	Lockvogel	Laternenumzug	fängt	Quarz	dankbar	Belohnung	liest
3	Impfpass	flatterhaft	verlängern	Schwierigkeit	Briefmarkensammlung	umständlich	fette
4	hoffen	abstimmen	auslachen	Wasserrohr	nehmen	verkohlen	Gekritzel
5	geritten	stützen	Lagerfeuer	Kleiderschrank	herrlich	Amme	zeitlich
6	Extraaufgabe	Dämmerung	Couchtisch	düngen	anrempeln	schmale	Ausflügler
7	benachrichtigen	mittwochs	Glocke	unsinkbar	knicken	Arzt	geschieht
8	rausfliegen	läuft	behilflich	nimm	Grimasse	unsichtbar	Türklinke
9	Donnerwetter	Staudamm	einheimisch	Wahrheit	Himmelbett	Tintenpatrone	heiratet
10	Vielfraß	Abzweigung	Öffnungszeiten	humpelst	Königskrone	mogeln	mündlich
11	Glück	Tannenbaum	verzögern	Stempelkissen	verschlucken	bequemer	Kratzbürste
12	anständig	Rechenaufgabe	Friedenstaube	geweckt	Regentropfen	hauptsächlich	Gewohnheit
13	triefnass	donnern	abwechselnd	Ungeheuer	vermengen	Unterschlupf	versetzen
14	disqualifiziert	ruderst	ermutigst	stündlich	klagt	stänkern	Zusammenstoß
15	Rouladen	betäubt	reiten	Malzbier	Augenwimpern	verloren	lichterloh
16	probieren	Butterblume	Sackhüpfen	kleinlich	befreundet	Bohnensuppe	Tribüne
17	gigantisch	gewöhnlich	Denkmal	unheimlich	Krücken	vorläufig	Mohrrübe
18	Landwirtschaft	Frieden	aufbewahren	verbrennt	jährlich	Kaminfeuer	schimpft
19	verlosen	Autogramm	Dauerwelle	Verbandskasten	Getränk	empfiehlt	herzlich
20	passt	räuchern	Schmorbraten	durchdrehen	stumm	erstickt	Gesetze
21	lochen	erschrecken	durchlässig	Gefahrenzone	gemerkt	Latzhose	Apfelsine
22	künstlerisch	Rettungsschwimmer	Angst	Schiffsplanke	begrenzt	frühstücken	einquartieren
23	überqueren	Löschblatt	unendlich	Flügel	Säugetier	Tankstelle	Fressnapf
24	Bockwurst	Zahnlücke	Dampfer	auslosen	Wiederkäuer	brummen	kratzfest
25	Lichtschalter	Rührlöffel	telefonieren	Kerzenständer	Glas	schlängeln	Pfeiler

	Liste 116	Liste 117	Liste 118	Liste 119	Liste 120	Liste 121	Liste 122
1	Wintersport	Festessen	abholen	gesessen	Treppenstufe	unbekümmert	Vergnügen
2	moosgrün	verrückte	Schnitzel	tankt	Faschingskostüm	Bienenstock	überschreiten
3	Rundfunk	bohren	beurteilen	ausbrüten	Veranda	Gliedmaßen	seinetwegen
4	verstellen	schriftlich	Filzhut	Busverbindung	empfehlen	wohlweislich	Stuhllehne
5	Thron	genüsslich	gelöst	Demokratie	spottbillig	Burgverlies	nutzbar
6	Kartoffelschälen	Putzlappen	Bauklotz	Urenkel	auswringen	göttlich	Schlamassel
7	staunen	anzapfen	Strapazen	argwöhnisch	gebeten	Nähmaschine	Maßband
8	locker	Biegung	wütend	Gesang	Flurteppich	Niete	töricht
9	Klebstoff	Sitzplatz	Hühnerstall	stockdunkel	Stachelbeeren	Geizhals	Wurstpelle
10	Zahnschmelz	Villa	Terrorismus	vergeblich	Bergführer	verwandt	Schraubenzieher
11	Uhrmacher	Familie	jämmerlich	Erlaubnis	kitzelig	schmökern	Sprühdosen
12	schmatzen	Sommerferien	Zipfelmütze	benehmen	Gewühl	Druckknopf	Kieselstein
13	Gefühl	vermisst	Betrüger	Düsenjäger	Buttergemüse	angewöhnen	Schreibmaschine
14	Kühlhaus	Telefonnummer	fromm	gießen	Stabhochsprung	Blumenstrauß	dröhnen
15	stehst	Fleischspieß	widerlich	Weißbrot	Schülerinnen	Pflaumenmus	fortwährend
16	verursachen	wohnt	geschlossen	vorzüglich	bitterböse	Schienbein	barmherzig
17	Zehnpfennigstück	rotzfrech	Quasselstrippe	Schlüsselanhänger	Fetttopf	spärlich	schnuckelig
18	rötlich	durchnässt	Vokabel	gerissen	Besonderheit	Dutzend	Kohlenkeller
19	wirst	glühte	gefasst	Rührteig	hartnäckig	Rakete	Straßenfeger
20	Helligkeit	Kochschürze	lächerlich	pisaken	Sprengstoff	eiskalt	Trainingsanzug
21	Vagabund	schwerlich	ermüdend	Widerstand	äußerlich	Stiefelspitze	Schwitzkasten
22	Gewürz	Lösung	Hochsteckfrisur	Berghöhle	Neugier	öde	Feuerwache
23	Kurve	auskühlen	Stehlampe	verließ	Krankenhaus	gemächlich	Postgebühren
24	frühzeitig	Dickicht	Kamm	Änderung	kaltstellen	stumpfsinnig	quetschen
25	Schnellstraße	Spitzbube	Dachluke	Spickzettel	Schlossallee	schläfrig	mucksmäuschenstill

	Liste 123	Liste 124	Liste 125	Liste 126	Liste 127	Liste 128	Liste 129
1	Amateur	Etui	Embryo	Lift	Prophet	Idylle	verschwitztem
2	analytisch	populär	prompt	Liga	fielen	hysterisch	Semantik
3	immigrieren	Zustieg	Dynamo	Organ	radikal	eilends	Potenzial
4	Blamage	Chance	Disziplin	Tabu	illegal	Reaktion	Psyche
5	ausgiebig	Personen	eloquent	Schikane	Chaos	Prosa	Pseudonym
6	Export	Orchester	autark	anzumerken	schnurstracks	Galerie	Universität
7	importieren	Lazarett	absolvieren	Pubertät	Realität	Etage	Atmosphäre
8	ökonomisch	Hypnose	autonom	Puzzle	Relation	Regie	Akzent
9	abonnierst	Kooperation	Adoption	blies	Sauce	inkognito	Manieren
10	Xylofon	Korruption	Aggregatzustand	Medikament	Chor	Champignon	Ästhetik
11	arrogant	Quartier	agil	verbal	variabel	sarkastisch	Atlantik
12	Geschenke	Koryphäe	akkurat	Unikat	Elan	Frequenz	konzipieren
13	Python	Kontrolle	Akrobatik	vielleicht	Saturn	formieren	Fühlen
14	wöchentlich	konfus	Audienz	Typus	turbulent	Manifest	konform
15	Garage	Konkurrenz	allmählich	seriös	Jubiläum	Präposition	Null
16	international	Konsequenz	Amphibie	Stuss	Cousin	Schema	genial
17	charmant	Kompost	Anamnese	Kuriosität	Kommentar	Protokoll	frustriert
18	Level	thematisch	Exploration	Revolver	Sabotage	evolutionär	Garderobe
19	verwahrlost	Kommissar	Buddha	Cockpit	Privileg	Epilog	Logik
20	abstrakt	Kompliment	Chronologie	Roboter	Routine	ächzend	chemisch
21	Patient	Ventilator	rußig	Qualität	national	Segment	Horoskop
22	sympathisch	Eskalation	Fontäne	primitiv	Romantik	Praktikum	Klinik
23	Wollknäuel	Epilepsie	flexibel	charakteristisch	Apotheke	Dieselben	analog
24	Hauskatze	eminent	Hektik	Phänomen	währte	elektrisieren	Option
25	Chamäleon	Element	irrelevant	Proportion	Priorität	athletisch	überwältigend

	Liste 130	Liste 131	Liste 132	Liste 133	Liste 134	Liste 135	Liste 136
1	Museum	Ikone	identisch	Multiplikation	seelenruhig	Reduktion	Sensation
2	Inspiration	Ski	bedeutendsten	Eukalyptus	evakuieren	Motivation	Portrait
3	intensiv	Hypothese	Instinkt	Anthropologie	Portion	dreißigjährigen	retrospektiv
4	elegant	überraschendsten	Hygiene	Saxophon	reflektieren	Porzellan	grotesk
5	Vers	theoretisch	vertrauend	Askese	Sekte	Resultat	kund
6	diagonal	Finanzen	Ideologie	verschnaufen	Artikulation	Archiv	Biologie
7	strategisch	Synonym	Skizze	Charakter	Bibliografie	Brainstorming	Buddhismus
8	Seufzer	Gramm	Szene	Genesis	chaotisch	Boykott	Generation
9	Akrobatik	Illusion	loyal	Geografie	Gen	generell	Germanistik
10	parallel	mehrarmigen	stornieren	Impuls	hyperaktiv	Impressionismus	improvisieren
11	Ballast	Tropen	Triumph	inoffiziell	Individualität	Industrialisierung	Informatik
12	Triangel	Trapez	Aggression	Inserat	Dunkelheit	gespreizt	Inflation
13	Krokant	mobil	obligatorisch	Investition	Instanz	Kapitän	Internat
14	Panorama	Floskel	subtil	geeignetsten	Budget	Bonbon	ungestüm
15	tolerant	Katastrophe	kontinuierlich	pragmatisch	Journalismus	Rhabarber	Kajak
16	komplex	Dogma	Parlament	Kapelle	Politik	Parodie	Kampagne
17	Ironie	rücklings	Ethik	maximal	Ballade	Kapitulation	Methode
18	provokant	flirten	Facette	Karriere	Karaoke	glorifizieren	schmatzend
19	wollen	Galaxie	immens	Artefakt	Stimmaufwand	Barrikade	Karneval
20	lokal	stenografieren	Hymne	Tragödie	transparent	Kakao	ambivalent
21	Moschee	Horizont	gewandt	irreversibel	Kaktus	Intrige	total
22	Klassik	maskulin	Majestät	Kabel	oral	kalorienarm	Hohlraum
23	offiziell	liberal	Funktion	zusammenzutrommeln	Anatomie	auszupacken	Opportunismus
24	Experiment	Klischee	imposant	Optimismus	operativ	Optik	Antipathie
25	Union	Moskito	Moped	unstimmig	Papier	Paradigma	Kamille

	Liste 137	Liste 138	Liste 139	Liste 140	Liste 141	Liste 142	Liste 143
1	zuzutun	Markierung	Labilität	orthografisch	Navigation	Drehstuhl	Taxi
2	Orient	Kavalier	Taverne	Halluzination	feiste	Auftauchen	Implantat
3	anonym	Steckdose	Anarchist	Expressionismus	Spektrum	Teamgeist	Mechanik
4	Diplom	Bibliothek	Ignoranz	familiär	ventral	Rebell	Brand
5	Paradies	Orientierung	Design	Brandstätten	Pektin	Spesen	spontan
6	rational	Realismus	zwei- oder dreimal	Statistik	debattieren	Kantine	Kajüte
7	Osmose	starten	Etappe	archäologisch	General	Fakultät	unbehelligt
8	Labor	Gelatine	Telepathie	Reaktanz	Liturgie	paradox	vertikal
9	Fakt	Ellipse	panisch	immun	Marzipan	stabil	Elektrode
10	Apostel	Koordinaten	Vakuum	Gymnastik	engagiert	Euphorie	Solarium
11	Ernstliches	Frack	Gardine	Solidarität	Kanon	tätowieren	Tempel
12	Kritik	Utopie	Dilemma	validieren	spezialisieren	kramte	Substantiv
13	Verkalkung	Magie	Gemälden	Languste	Taste	zensieren	Lokalisierung
14	Membran	explizit	Orthopädie	eklig	inakzeptabel	systematisch	ethnisch
15	Analyse	Literatur	adäquat	human	zumeist	Kopfhörer	Spektakel
16	Büro	Croissant	etabliert	Immigration	Formation	Emotion	telegrafieren
17	qualifizieren	frontal	Lampion	Appetit	Testament	Logistik	Korrektur
18	Emanzipation	Historiker	Konfession	Indiz	Zar	stürzten	fanatisch
19	illustrieren	besseres	Idealist	Wechsel	strikt	Medaille	Wall
20	galant	Hierarchie	Zylinder	Stabilität	Telegramm	Zaster	Reklamation
21	betäubend	grandios	Debatte	Magazin	Synthese	provisorisch	Veteran
22	Steppe	Panik	Aquarell	explodieren	Pathos	Architekt	kopfüber
23	Gas	eventuell	Fantasie	Takt	spektakulär	formulieren	Exponat
24	Etikett	Habituation	Temperament	variieren	evangelisch	Strophe	Spiritus
25	vegetarisch	Identifikation	Spagat	Gastronom	Gymnasium	Modifikation	Epos

	Liste 144	Liste 145	Liste 146	Liste 147	Liste 148	Liste 149	Liste 150
1	imponieren	Monarchie	mondän	Messe	verheerenden	burschikos	Mythos
2	wachsendem	neues	Monokel	monogam	Monitor	global	wahrscheinlich
3	Stereoskop	Globalisierung	stabilisieren	Tapete	Kompressor	Taille	provozieren
4	Flanell	argumentativ	Territorium	Aroma	tödlich	Statik	Metropole
5	Tarif	Melodie	Magnesium	Chirurgie	Mustang	Celsius	Skrupel
6	Zenit	zitieren	städtisch	Langeweile	glasieren	Klima	Defizit
7	stationär	mysteriös	Stadion	Nikotin	Studie	Natur	ultraviolett
8	Favorit	Transfusion	zivilisiert	Reaktor	Applaus	endlich	Tennis
9	Maskottchen	Struktur	Turbine	ultimativ	Animateur	Plusquamperfekt	abergläubisch
10	Teleskop	Gouda	Zoologie	Quote	Zentrale	Jalousie	Vibration
11	Idol	Arterie	exaltiert	Moral	Plural	Sparte	Video
12	unversehrt	liieren	Moderation	sukzessiv	Monolog	Tendenz	Teflon
13	Tau	Nerz	sensationell	Globus	Modell	undiszipliniert	Sympathie
14	Pastoren	Stigma	Tablette	flambieren	Chirurg	Gnome	Tumult
15	splitten	Fiktion	widerwärtiger	Therapeut	mental	kongruent	Kaviar
16	terrorisieren	tackern	Affekt	Zentrifuge	Uniform	Phantombild	Dynamik
17	Geranie	Monopol	Mumps	Stimulierung	Interesse	Terrakotta	Milieu
18	europäisch	Muskatnuss	Fauna	Intelligenz	Termin	zweifellos	Gulasch
19	zustimmen	Kanzlei	momentan	Kurier	Montage	stimulieren	Lektor
20	Analphabet	filigran	Tacho	genaues	zirkulär	Munition	Mosaik
21	Molekül	spreizen	nachmittags	promovieren	Stadium	Disput	Thermometer
22	empirisch	Verwandten	symbolisieren	motorisch	Inkarnation	Harmonie	Garnitur
23	Technik	Pension	multikulturell	Seminar	Mumie	Uterus	querulieren
24	Arktis	Tentakel	alternativ	Metall	Chronik	different	Saurier
25	Stil	schmuggeln	artifiziell	Transfer	Motto	Polyp	Exemplar

Anhang C: Diktate

Hinweis: Auf der dem Manual beiliegenden DVD befinden sich neben den für die Therapeuten bestimmten Diktatvorlagen zusätzlich auch korrespondierende Lückentextvorlagen mit identischem Text (für die Diktate 1 bis 15), die für die Kinder zum Schreiben bestimmt sind. Dort sind alle im Folgenden hervorgehobenen Wörter ausgespart.

Diktat 1: Die Blume

„Nicht so **nah**, sonst ist sie morgen **kahl**, du **Esel!**", hörte ich **Opa** aus dem **Haus** so laut schimpfen, dass mir fast die mitgebrachte **Torte** aus der Hand fiel. Später, bei einer **Tasse** Tee und mit dem **Messer** Muster in den Sand **malend**, wieder **zahm** geworden, erzählte **Opa**, wie er an einer **Ampel** eine **Nonne** getroffen hatte. Sie habe eine **Blume gesehen**, von der sie den **Namen** nicht **kenne**. Im **Wasser** sei sie gewachsen. „Ich weiß, ich hätte sie nicht ausgraben **sollen**", sagte **Opa**, „aber sieh selbst." „Ich habe nie eine schönere **gesehen**", musste ich **zugeben**.

Diktat 2: Vico will an Land **gehen**

„Vico, sei **froh** hier im **Wasser**! Hier ist es schön **nass**, keine grelle **Sonne**", will Oma ihm **raten**. Aber Vico will **finden**, was in seinen Büchern steht. Einen **Hahn**, ein **Huhn**, einen **Affen**, eine **Kuh**, eine **Uhr** und einen **Bagger,** hat **Papa** ihm vorgelesen, **soll** es bei den Menschen **geben**. Auch Tiere, die **bellen** oder **Wolle** auf der Haut tragen, laufen dort herum. Und was ist eigentlich ein **Teller** oder **Watte**, um noch andere merkwürdige Dinge zu **nennen**. Nur noch wenige Meter **trennen** ihn von der Wasseroberfläche. Aber was ist das? Da ist nur **offener**, **ausgedehnter** Sandstrand, rohe Kokosnüsse und eine **hohle** Melone, die wohl jemand als **Abfall** hat liegen lassen. Enttäuscht kehrt Vico um.

Diktat 3: Vico ist **satt** und müde

Kleine Luftblasen rieseln über den **Rand** von Vicos **Salat** aus Algen. Vom **Essen**
kleben ihm noch kleine Krümel **Brot** am **Mund**. „**Kind!**", sagt sein **Onkel milde**,
„Zeit für das **Bett!**" Vico schaltet die kleine **Dose**, die als **Lampe** dient, aus.
„Draußen **regnen** Leuchtalgen", hört er Mama noch **reden**, als er am Durchgang
zum Schlafzimmer mit einem Arm hängen bleibt und **hart** auf den Sandboden
aufschlägt. Vico sieht kleine Sternchen **bunt** vor seinen Augen flimmern. Aber seine
Mama versorgt seine kleine **Wunde** und bringt **ihn** ins **Bett**. „Bist bald übern **Berg**",
flüstert sie noch und gibt ihm einen Kuss. Dann schläft Vico, **eng** an sein
Flauschtuch gekuschelt, ein.

Diktat 4: In der **Nacht** mit Vico **baden**

Einmal im Monat **kommen** alle Bewohner aus dem **Wald** schon am **Mittag**
zusammen, um die **Ehe** von **Mond** und **Wasser** zu feiern. Mit kleinen Booten aus
Pappe fahren sie auf das Meer und wenn sich das **Licht gelb** und **rot** im Meer
spiegelt, **fangen** sie an **Opern** zu **singen**. Am **Ende klettern** sie aus den Booten
und schwimmen zurück zum Strand. Wer nicht **fit** ist, kann sich nur **knapp** mit Hilfe
von Vico über **Wasser halten**. Am Ufer empfangen dann die Schwachen aus der
Hand der Starken eine mit **Federn** geschmückte Schüssel **Suppe**. Dann machen
sich alle **lang** und **legen** sich zum Schlafen in die Arme von **Mutter** Erde.

Diktat 5: Vico muss in die **Schule**

Bei **Frau Obst** und Herrn **Wurst** kurz hinter der **Kiste** im Korallenriff, die als **Post**
dient, **soll** Vico **machen**, was auch alle Kinder tun, nämlich schreiben, **lesen** und
rechnen. Dafür hatte Vicos **Mutter** schon ein **Buch**, ein **Heft**, eine **Schere** und einen
Tisch kaufen müssen. Doch Vico fühlt sich **kalt** erwischt. Er **ist stur** wie ein **Hund**,
klagt über Schmerzen am **Zahn** und will seine Eltern **glauben** lassen, er könne sich
den Weg zur Schule nicht **merken**. Doch seine **Mutter** bleibt **hart**: „Ich sage es
rund heraus, du musst zur **Schule** wie alle kleinen Kraken, **sonst** bleibst du **dumm**
wie einer dieser **Sterne**, die faul am Meeresgrund liegen."

Diktat 6: Vico trifft einen **Hamster**

Einmal traf Vico einen **Hamster**, der **sprechen** konnte. „Bleib **stehen**! Du brauchst nicht in dein **Loch** zu **springen**!", wollte er gerade **sagen**. Aber **umsonst**. Mit der **Faust** drohend verschwand der **Hamster** in seinem **Nest**. Vico musste **lachen:** „Hey! Ich bin doch kein **Gespenst**!" Vico lockte mit einer Schale Getreide, aber der **Hamster** traute sich nicht, sein **Gast** zu sein. Also versuchte Vico etwas anderes. „Du, **stinken** eigentlich alle **Hamster** wie die Schweine im **Stall**?", äußerte er beiläufig. Schimpfend wie eine **Amsel**, kam der **Hamster** bewaffnet mit dem stachligen Zweig einer Rose aus seiner Höhle geschossen. „Mir aufs **Dach** zu steigen, **statt** zur **Schule** zu **gehen**, du – du **Wurm**!", stotterte er, da er den Namen des Tieres nicht kannte, das **ihn** da beleidigt hatte. Vico blieb ruhig: „Schön, dich kennen zu lernen! Heute **ist Samstag**, da muss ich nicht in die **Schule**. Gut, dass du dich raus getraut hast." Der **Hamster** schaute sich verdutzt um. Es dauerte nicht lange und die beiden plauderten emsig miteinander und jeder Grimm war vergessen.

Diktat 7: Vico und was **ist Wind**?

„Was **ist Wind**?", fragt Vico seine Freundin, die **Fliege**. „Oh, **Wind ist weich** wie ein Streicheln oder **hart** wie ein **Stein**, er **ist dein** Freund oder **Feind**. Er kann dich **blind machen** oder **heiser**. Er klingt mal wie eine **Geige**, mal kann er **schreien** und kreischen. Manchmal will man **ihn kriegen** und manchmal kommt er **dreist** und klaut dir **deine** Mütze. Er schubst dich von der **Leiter**, bringt **deine sieben** Sachen durcheinander, kitzelt dich an der Nase und lässt dich **niesen**. Hast du etwas **fein** gebaut, bläst er **rein** und alles ist im **Eimer**. Manch einen lässt er zu **Eis werden**. Doch trägt er auch die Pollen und Samen der Pflanzen, so dass es eine reiche Ernte gibt und du fühlst dich frei, wenn er dich umspielt", antwortet die Fliege. „Schade, dass er unten im Meer nicht zuhause ist", nickt Vico **bitter**.

Diktat 8: Vico und die **kleine Biene**

„Bist du ein **Fisch**? Hast du **Kiemen**? Bist du **wild** und **frei** oder gar ein **zahmes**

Tier? Hast du **Sohlen** an den Armen oder was sind das für **kleine** Kreise hier?",

sang die **Biene** ihr **Lied**. „Geh weg, ich will nicht **spielen**", maulte Vico, der noch

über seinem **Brei** saß, der, mit zu **reifen Birnen** durchsetzt, von seiner Mama

gekocht worden war. Doch die **Biene wollte zeigen**, wie gut sie **dichten konnte**

und begann dazu, mit ihren Flügen **weit** ausgebreitet, **leise** summend Muster in den

Strand zu **zeichnen.** Das sah so lustig aus, dass Vico **breit** lächelnd beschloss, die

Birnen im **Brei** weiter **schimmeln** zu lassen und stattdessen seinen **Stab** zu

nehmen und es der **Biene** gleich zu tun. So war es doch ein schöner **Freitag** im **Mai**.

Diktat 9: Vico träumt wie **Wolken schmecken**

„Wenn ich ein **Insekt** wäre, könnte ich dann über **Wolken laufen**? Würden sie wie
Zucker schmecken, mich an meinen Füßen kitzeln und **necken**? Kann man
Wolken trinken? Manchmal scheinen sie sich am Himmel zu **zanken**. Sind sie
trocken oder **nass**? Wo **kommen** sie her? Wem **soll** ich **danken**? Kann man sie in
der **Fabrik** für **Geld** im **Paket kaufen**? Ist ihre **Farbe** wirklich weiß? Wem **ist** das
bekannt? Einmal auf **ihnen** schweben, wie von einem **Balkon** hinunter auf die Erde
gucken, von **ihnen** in die Ferne **blicken** und sie **wackeln,** bis Regen in **kleinen**
Kugeln vom Himmel fällt", träumt Vico auf seiner **Decke** am **Boden** liegend.

Diktat 10: Der Zwerg, den es **juckte**

In einem **Park**, der an einen schönen **Garten** angrenzte, lebte einst ein Zwerg. Er trug eine rote **Jacke**, eine **Locke** hing ihm stets ins Gesicht, wenn er um die **Hecke** schlich, um etwa Essbares zu **finden**. Denn **Hunger** hatte er stets und daher sammelte er alles, was er nach seinem **Geschmack** finden konnte, in einem **kleinen Sack**. Doch heute plagte ihn **stark** der Stich einer Mücke oberhalb seiner rechten **Backe**. Er hatte bereits versucht, mit einem **Stock** die **schreckliche** Stelle zu erreichen, kam aber nicht dran. Das Problem war nicht zu **knacken**. Drum ging er zur kleinen Waldhexe. Die gab ihm eine Wurzel von einem **welk** gewordenem Strauch, an der er **nuckeln sollte**. Die **schmeckte** so fade, dass der Geplagte vor **Ekel** das Gesicht verzog und **spucken** musste. Das ließ die Hexe **gackern** und **nicken**. Erst hundert Jahre später verriet die Hexe, dass in der Wurzel kein Heilmittel enthalten gewesen war. „So ist die **Regel**", flüsterte sie, „glaube, dass es heilt und es hilft. Mein Freund, der Zwerg, war so mit dem faden **Geschmack** der Wurzel beschäftigt, dass er vergaß sich zu **jucken**."

Diktat 11: Vico und die Lurchlinge

Von jeher waren die Lurchlinge der natürliche **Feind** aller Kraken. Lurchlinge hatten **kleine**, **krumme Beine** und ihre kleinen, faltigen Gesichter sahen aus wie überreife Äpfel. **Ehrlich** gesagt wusste keiner **unter** den Kraken so **richtig**, wie es zum Streit zwischen den Parteien **gekommen** war. Vico fand eigentlich, dass die Lurchlinge **eher** ein **wenig ulkig** oder sogar kindlich, **lustig** wirkten und so beschloss er, nicht **artig,** aber **mutig**, mit seinem **Neffen** Krako heimlich den kurzen **Weg** zu den Lurchlingen zu **rudern**. Die Lurchlinge lagen **wach,** aber **dreckig** und **sandig** auf einer **Wiese**. Vico begrüßte sie **kernig**, aber freundlich: „Hallo, habt ihr Lust auf ein Eis? Wir möchten mit euch **teilen**." „Sehr gerne, ihr seid aber **lieb**", entgegneten die Lurchlinge. Von da an, egal was die Erwachsenen **meinen**, waren Vico, Krako und die Lurchlinge Freunde.

Diktat 12: Das Volk der Baumelfen

Sie **fliegen wellig**. Der Wind scheint an ihnen zu **zerren**. Sie sind **drollig**, **winzig**, kaum größer als ein **Daumen**. Ihre Flügel sind im Vergleich **riesig**, **bunt** und **fleckig**. Es ist meist **wolkig** oder **neblig**, wenn sie für **sehr** kurze **Zeit** aus ihrem **Baum kommen**. Wenn der Tag noch **jung ist**, **melden** sie sich mit einem süßen **Lied**, das den düstersten Tag **sonnig** erscheinen lässt. Wenn sie zusammen in der Luft tanzen, so schnell, dass sie zu einem **Rad** aus Licht zu verschmelzen scheinen, dann sei vorsichtig mit deinen Wünschen: Sie könnten in Erfüllung **gehen**. So wie es einst dem Opa von Vico erging, der sich plötzlich auf einer einsamen **Insel** wiederfand. Das war nur recht und **billig**, denn er hatte sich gewünscht, einmal **richtig** Ruhe zu haben, als die Krakenkinder wieder einmal am Ufer laut lärmend herumtollten.

Diktat 13: Vico lernt Auto **fahren**

Vico wollte Autofahren **lernen**. Er wollte sich in ein Auto **setzen**, auch wenn seine

Mutter mit **spitzer Zunge schimpfte**, als sie von einer befreundeten **Katze** von

Vicos Plan erfuhr: „Das **ist** wie Sand mit **Netzen** fangen! Nein, das **ist** nicht **spaßig**.

Heiß wird dir **werden**. Du wirst **schwitzen**." Vicos **Komplize** Krako hatte sich

schnell verdrückt und Vico **allein** gelassen. Doch Vico glaubte **fest** an seinen Plan.

Nun **fahren** Kraken natürlich anders als wir. Ob **jung** oder **alt,** jeder Krake darf Auto

fahren lernen. Wegen der vielen Arme, die beim Autofahren nur so über die Pedale

tanzen, ist das Fahren unter **Wasser** viel schwerer. **Hoch angesehen** war, wer mit

einem Auto durchs Meer **flitzen** konnte. Diese Autos waren ganz **flach** und **spitz**

und es gab natürlich kein **Abgas**. Zum Parken fuhr man in eine Art **Tunnel** und

musste dann einen **Klotz**, der wie ein **Schuh** aussah, auf den Meeresgrund

schmeißen. Es stellte sich heraus, dass Vico ein Naturtalent war und **nach** nur

sechs Fahrstunden begann der automatische Fahrlehrer den Führerschein zu

drucken.

Diktat 14: Vico und die **Gans**

Vico **weiß,** der **Spaß** ist stets **groß,** wenn er seine Freundin, die **Gans,** über die **Straße** zu ihrem **Bruder** begleitet. Doch heute **sitzen** sie alle nur gelangweilt auf der zu **niedrig** geratenen Bank. „Man kann sich doch **echt** mal **irren**", sagt die **Gans.** „Ja, aber **jetzt ist** es hier langweiliger als beim **Arzt** im Wartezimmer", entgegnet Vico. Die **Gans** schiebt **trotzig** den Schnabel **nach** vorne: „Du warst doch nur zu **faul** selber nachzugucken, wann das Rennen der **Glatzen** stattfindet." „Fängst du **jetzt** auch noch an zu **petzen**?", erwidert Vico aufgebracht. Die **Gans** lässt peinlich getroffen ihren **Fuß** im Sand Kreise **drehen.** Vom Streit genervt sticht der **Bruder** der **Gans kurz** heimlich mit einer **Nadel** in einen Luftballon. Es knallt fürchterlich **laut.** „Ihr seht aber **putzig** aus, wenn ihr euch erschreckt", prustet der **Bruder** und hält sich vor Lachen den Bauch. Das **ist** wiederum so ansteckend, dass wenig später auch Vico und seine Freundin sich vor Lachen am Boden kringeln und nun doch **Spaß** haben.

Diktat 15: Vico stibitzt **Essig**

Einmal kletterte Vico **tapfer** über einen **Zaun**. Das **Herz** schlug ihm bis zum Hals. Er wollte einige **Flaschen Essig** aus einem Restaurant stibitzen. Kraken, die man auch als **eitel beschreiben** könnte, reiben sich ihre **Figur** mit **Essig** ein, damit diese, auch wenn sie auf dem **Sand** liegen, **sanft** schimmert, als wäre sie **feucht**. Trotz großer Vorsicht wurde er erwischt und es verschlug ihm die **Sprache**, als eine dunkle Stimme, scharf wie **Pfeffer,** wie aus dem Nichts **laut** über ihn hinweg **rollte:** „Ich denke, du wolltest mir nur beim Fegen helfen und ich kann den **Anruf** bei der Polizei vergessen. Sicher wolltest du auch helfen, die **Tafel** zu decken, die **Fahne** zu bügeln und Kohle in den Ofen zu **stopfen,** damit genug **Dampf** drauf ist." Mit Krakenarmen weich wie **Butter** stimmte Vico allem zu. Später begann er mit sich selbst zu **schimpfen:** „Warum hab ich nicht gleich gefragt, ob ich helfen kann. Dann hätte ich mich weniger **krumm** schuften müssen und hätte vielleicht sogar eine **Flasche Essig** geschenkt bekommen."

Diktat 16: Vico und die Meeresmaulwürfe

Die **frechen** Meeresmaulwürfe lebten unter einer **Pflanze** nahe dem **Hafen**. Hier hatten sie es **schattig** und konnten mit **Fleiß** ihrer Arbeit nachgehen. Diese bestand darin, Seehalme aus dem Boden zu **zupfen**, die sie dann mit **Tropfen farbig** anmalten und zu **Reifen** drehten. In diese wurde dann das gefilterte Meersalz gefüllt, mit dem die Kraken so gerne Algen in der **Pfanne** brieten. Einmal war Vico in Gefahr gewesen. Er war in eine **Falle** der Menschen geschwommen. Als hinter ihm der Riegel **dumpf** ins **Schloss** eingerastet war, hatten ihn die Meeresmaulwürfe, **pfiffig** wie sie waren, schnell befreit. Zur Belohnung hatte Vico sie zur **Ente** am **Fluss** gebracht, die einen tollen Ausflug mit **ihnen** gemacht hatte. Seitdem konnte Vico sich einmal in der Woche auf einen **Brief** freuen, der ihn zu einem **scharfen** Essen bei den Meeresmaulwürfen einlud, die nun seine Freunde waren.

Diktat 17: Sind Mäuse schlauer als Löwen?

Der **König** der **Tiere** ist der **Löwe** und **Mäuse** gelten als kleine, **böse Räuber** von

Käse. Aber kann nur ein **Löwe kämpfen** und nur eine Maus durch eine **Lücke**

schlüpfen? Den **Mäusen** wurde es **lästig,** unterschätzt zu werden. Sie begannen,

einen Sack aus **Leder** zu **nähen.** An einem **schönen** Tag krabbelten sie, nachdem

sie sich mit **Müsli** gestärkt hatten, die **Säule** des Königspalastes herauf. **Löwen**

mögen keine **Sonne,** also **pressten** sich die **Mäuse** bis zum Abend flach auf die

Säule. Als der **Löwe** dann kam, ließen sie den Sack nach unten **schießen.** Dann

begannen sie zu **zählen.** Bei drei konnten die **Mäuse** das laute Schreien des

Löwen hören. Die **Mäuse** warteten **kühl,** bis der **Löwe** sich beruhigt hatte. Von da

an trug der **König** stets eine Maus in seinem **Pelz** und vertraute auf ihren Rat. Die

Mäuse waren dem Löwen **treu** ergeben und ließen sich an seinen **dünnen**

Ohrhaaren **hängen,** wenn sie ihm einen Rat zuflüsterten. Bis **heute** folgen die

Löwen dem weisen Rat der kleinen **Mäuse.**

Diktat 18: Kleiner Bär und großer Bär

Ein **Bär** saß an einen **Felsen** gelehnt und spielte **Flöte**. Während sein kleiner

Bruder, den alle nur **Käfer** nannten, weil er sehr klein war, **fleißig** Sandkuchen

backte. Er wollte später einmal **Bäcker** werden. Als **Mehl** benutzte er Pudersand

und machte dann kleine **Löcher** in den Kuchen, die er mit **fünf** alten Krümeln aus

Käse verzierte. „Das sind **Perlen**", versicherte er seinem großen Bruder. Der fand

das **süß**. „Werde ich denn probieren dürfen?", wollte er wissen. Der kleine klopfte

kräftig auf den Kuchen: „Ich will nicht **lügen**, die sind nur aus **Sand**. Aber wenn ich

groß bin, dann backe ich richtige Brötchen und stehe auf, bevor die Bauern die

Kühe **melken oder** den Rasen **mähen**." Dann musste er ganz doll **gähnen**. „Ich

schätze, so **zäh** du auch bist, du musst jetzt schlafen gehen", antwortete der große.

Dann brachte der große Bär den kleinen Bären in sein Bett. Wie ein **Dieb** kam eine

Mücke in der Nacht. Aber sie hatte **Pech,** denn der große Bär wachte über den

kleinen und konnte die Mücke aus der Luft **pflücken**.

Diktat 19: Vico lauscht seiner Oma

Vico trank gern **Tee** mit **Honig** und seine Oma gerne **Kaffee**. Oma erzählte dann immer Geschichten, wie die vom **Aal,** der die **Idee** hatte einen **Hut** zu tragen, um zu verdecken, dass er keine **Haare** hatte. Alle Fische begannen sich mit ihm zu **streiten**. Doch der **Aal** träumte davon, ein Mensch zu sein. Er wollte auf dem **Rasen** liegen und den blühenden **Klee** und ein **Beet** voll mit Blumen betrachten. Er wollte fühlen was **Schnee** ist und wie im **März** alles wärmer wird. Darum hatten ihn zwei Menschen in ihrem **Boot** fangen **dürfen**. Doch die sprachen wenig nett zu ihm: „Schau dir das **Biest** an, was hat denn das auf dem Kopf!" Das verletzte den **Aal,** der **zart** im Gemüht war, so sehr, dass er, als der eine Mensch sich **bücken** wollte, um den **Aal** zu greifen, schnell über Bord sprang und zum **Staat** der Aale zurückschwamm. Dabei ließ er das Wasser an sich entlang **strömen**. Den **Hut** verwendete er von da an nur noch als Mülleimer. Zu Hause unter den Seinen war es eben doch am besten.

Diktat 20: Die Saat

Vico war bei der **Fee** zu Besuch. Sie war **blond,** lächelte **warm** und hatte ein **Paar**
Zöpfe, die, wenn sie sie **schütteln** wollte, einfach in der Luft **stehen** blieben. Dann
lachte immer der ganze **Saal.** Das fand die **Fee doof.** Aber sie konnte **ihr** Haar
spülen, ob **kalt oder warm,** es änderte sich nichts. Vico wollte es **schaffen.** So
schickte er eine **Armee** von Seepferdchen los, um eine **Beere** zu suchen, die im
Moor wuchs. Diese **Beere** war **schwarz** und hatte Zauberkräfte. Man musste **acht**
Stück **sammeln,** damit ein Wunsch in Erfüllung **gehen** konnte. Als Vico dann, nach
eisernem Suchen, am **Tor** mit den **Beeren** stand, hatte sich die weise **Fee** zum
Schluss jedoch Glück und Zufriedenheit gewünscht und nicht etwa, dass sich ihre
Zöpfe verändern. Aus Dankbarkeit schenkte die **Fee** Vico eine **Kerze,** die **kein**
Wasser löschen konnte und die man nicht nur als Lampe, sondern auch als **Speer**
verwenden konnte, etwa um bedrohte Meeresbewohner zu **retten.**

Anhang D: Gewinnvertragsvorlage

_____s _____vertrag

Vico

1. Gewinnchance

Pünktlich am Trainingstisch sein. _____ stellt dafür einen Wecker, der klingelt einmal fünf Minuten vor Beginn und einmal direkt zu Beginn. Pünktlich bedeutet vor dem zweiten Klingeln mit allen Trainingsunterlagen am Tisch zu sitzen (Trainingsmappe, Schreibheft, Stift, USB-Stick). Dafür gibt es einen Punkt.

2. Gewinnchance

_____ ist zu spät. Dafür gibt es einen Punkt.

3. Gewinnchance

_____ vergisst den Wecker zu stellen. Dafür gibt es einen Punkt.

4. Gewinnchance

_____ Wörter richtig geschrieben (Schreibhaken) nach Vorgabe ergeben einen Punkt.

Vorgabe: 1. Nur lesbare Wörter können als richtig gelten.

2. _____ malt erst das Symbol und schreibt dann das Wort. Als richtig wird gewertet, wenn beides da ist.

3. _____ muss das gezeigte Wort vor dem Aufschreiben laut vorlesen. Jedes richtig gelesene Wort wird mit einem Lese-Haken belohnt.

_____ Lese-Haken ergeben einen Punkt.

5. Gewinnchance

_____ darf keine Fehler korrigieren. Tut er/sie es doch, bekommt _____

einen Punkt.

Die gewonnenen Punkte werden auf einer Punktekarte vermerkt. Die Punktekarten können

bei _____ (Therapeut/in) gegen _____ aus der/

dem _____ eingetauscht werden.

Unterschrift: _____   _____   _____

Anhang E: Trainingsplanvorlage

Trainingsplan

	Montag	Dienstag	Mittwoch	Donnerstag	Freitag	Samstag	Sonntag
8.00–9.00							
9.00–10.00							
10.00–11.00							
11.00–12.00							
12.00–13.00							
13.00–14.00							
14.00–15.00							
15.00–16.00							
16.00–17.00							
17.00–18.00							

Anhang F: Verlaufsprotokoll Rechtschreibquotient

Kind: _____

Beginn: _____._____._____

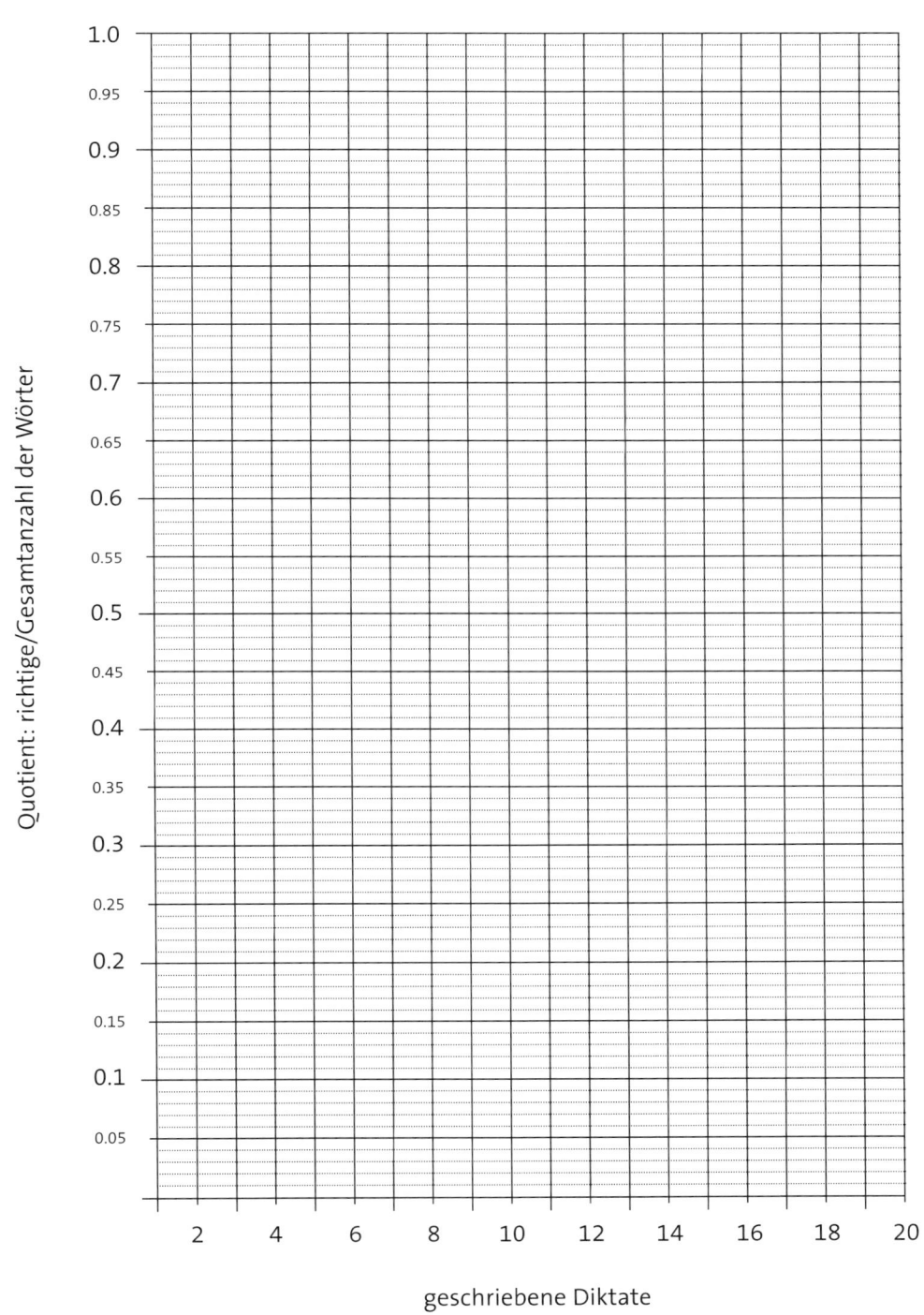

geschriebene Diktate

Anhang F: Lernfortschrittsprotokoll

Kind: _____

Beginn: ____.____._____

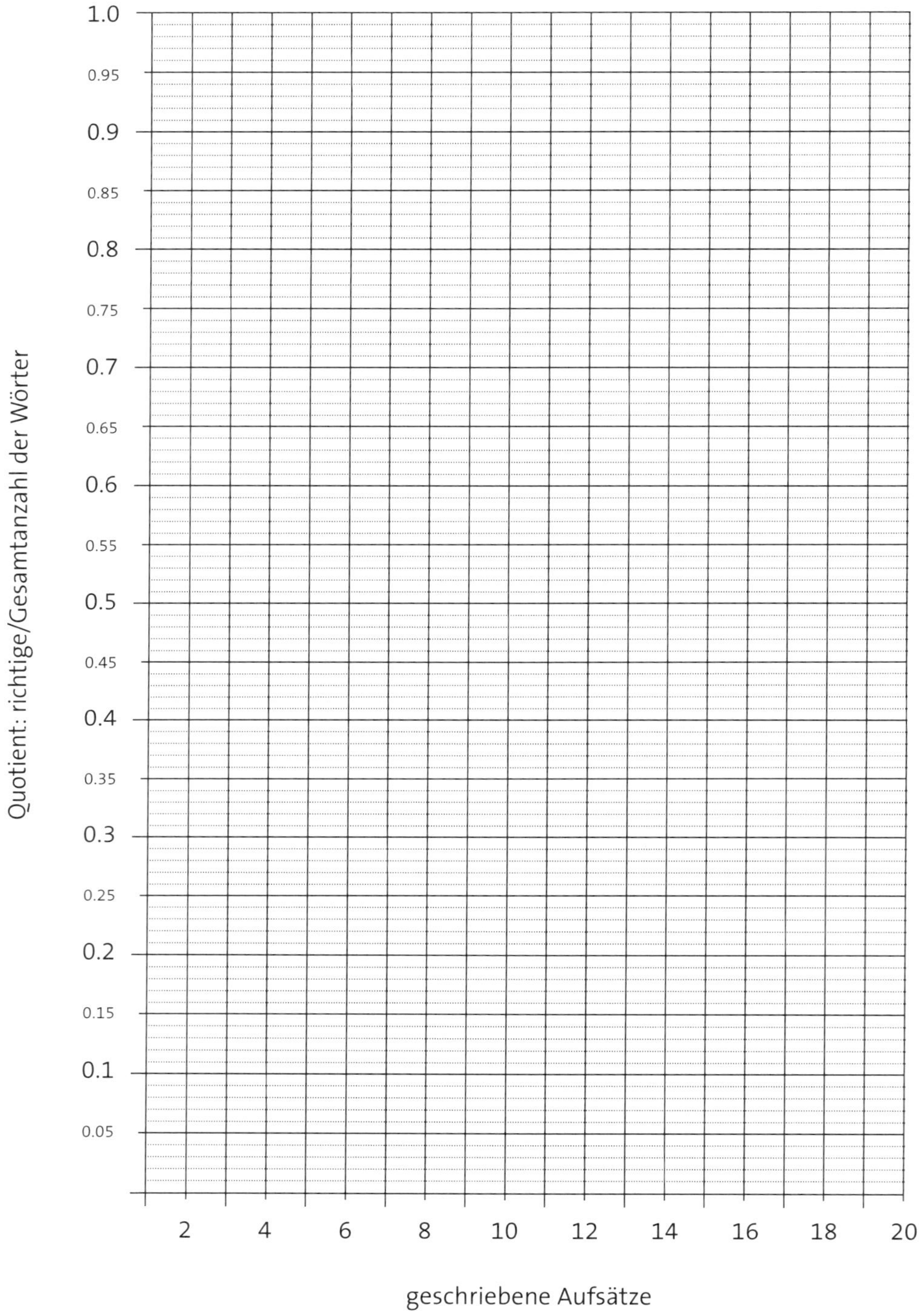

Quotient: richtige/Gesamtanzahl der Wörter

1.0
0.95
0.9
0.85
0.8
0.75
0.7
0.65
0.6
0.55
0.5
0.45
0.4
0.35
0.3
0.25
0.2
0.15
0.1
0.05

2   4   6   8   10   12   14   16   18   20

geschriebene Aufsätze

Anhang G: Punktekarte für 50 Punkte

Anhang G: Punktekarte für 100 Punkte

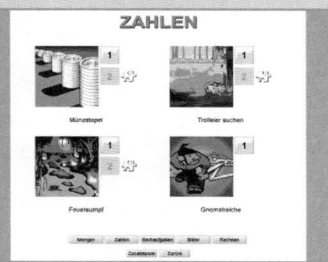

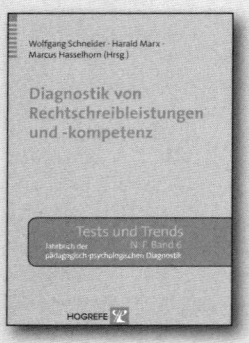